Der Physiologus

Der Physiologus
Tiere und ihre Symbolik

ANA CONDA

Die Deutsche Bibliothek verzeichnet diese Publikation in der Deutschen Nationalbibliographie; detaillierte bibliographische Daten sind im Internet unter http://dnb.ddb.de abrufbar.

Umschlaggestaltung, Satz & Layout:
Dagmar Herrmann, Grafik und Buchherstellung, Köln
ISBN 3-938484-01-2
info@anaconda-verlag.de

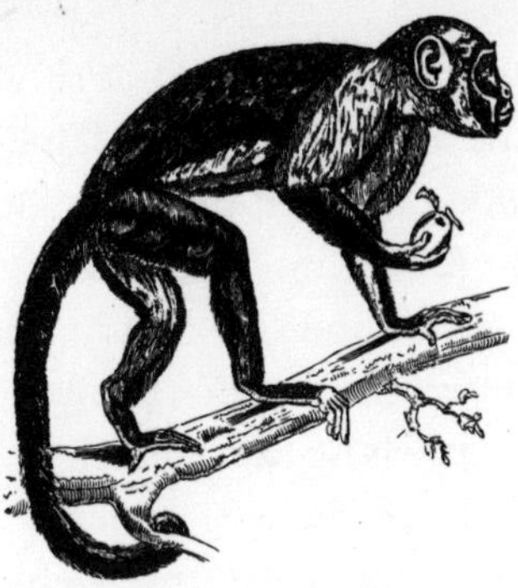

Der Affe

DIESES TIER IST SEHR NACHAHMUNGSSÜCHTIG und boshaft, und was es den Menschen tun sieht, das tut es ebenso. Daher nimmt derjenige, welcher den Affen fangen will, eine Art Leim, welcher Vogelleim genannt wird, und stellt sich seinem Neste gegenüber und tut, als ob er seine Augen mit diesem Leim salbe; dann entfernt er sich von jenem Orte und läßt den Leim dort. Wenn nun der Jäger von dort fortgegangen ist, wo er den Leim zurückließ, und sich an einem geeigneten Orte versteckt hat, so kommt der Affe aus seinem Neste heraus und salbt seine Augen wie der Jäger und wird blind und weiß nicht, wo er sich befindet. Sobald nun der Jäger gesehen, daß der Affe seine Augen mit dem Leim gesalbt hat und blind ist, so läuft er herzu und hat einen Strick bereit und fesselt ihn an seinem Halse, das Ende des Strickes befestigt er an einem Baume. Und der Affe steigt herauf und herab und wird aus Zwang zahm. Auf diese Weise jagt auch uns der große Jäger,

d. h. der Teufel. Er kommt in die Welt und bringt den Leim der Sünde herbei, weil die Sünde dem Leime ähnlich ist. Und indem er sie dem Menschen zeigt, blendet er seine Augen und verdunkelt er seinen Sinn und treibt ihn von Sünde zu Sünde und vom Bösen zum Bösen, und er macht einen großen Fangstrick, da die Sünde unersättlich ist; der Mensch aber wird geistig und körperlich durch dieselbe befleckt. Wenn er aber einen Menschen findet, der ihr nachgeht, so hält er ihn in derselben fest und spricht: Es ist für dich keine Rettung mehr, du hast dich selbst zugrunde gerichtet, du bist nicht würdig des Eintritts in die Kirche, denn zahlreich sind deine Sünden, wie kannst du sie entschuldigen? Wenn du dich nicht dieses Jahr entschuldigt hast, so zauderst du im folgenden zu bereuen. Und mit dem Heute und Morgen kommt der Dieb, der Tod, und rafft den Menschen unbußfertig dahin. Und deswegen ruft der Prophet:

»Wehe denen, die ihre Sünde tun.« Ich ermahne euch, höret nicht auf ihn, damit er uns nicht durch List verspotte. Denn so oft wir fehlen, so oft wollen wir bereuen, und laßt uns zu Gott eilen und mit dem heiligen Paulus rufen: »Steht nicht der Fallende wieder auf?« So oft du gefallen bist, so oft stehst du wieder auf und sogleich siehst du dann wohl die Liebe Gottes und seine Barmherzigkeit, weil er uns, die Reuigen, der Liebe und der Barmherzigkeit würdigt.

Schön sprach der Physiologus von dem Affen.

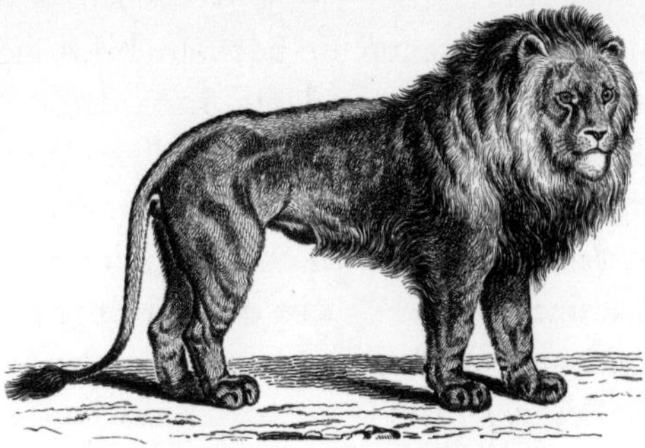

Der Löwe

WIR WERDEN BEGINNEN vom Löwen zu sprechen, dem Könige der Tiere und fürwahr der lebenden Wesen. Denn Jakob, den Juda lobend, sprach: »Juda ist ein junger Löwe von Geblüt, du bist hochgekommen, mein Sohn, er hat niedergekniet und sich gelagert wie ein Löwe und sein Junges; wer wird es erwecken?«

Der Physiologus erzählte vom Löwen, daß er drei Eigenschaften hat. Seine erste Eigenschaft ist diese: Wenn er im Gebirge umhergeht und wandelt und ihm die Witterung eines Jägers kommt, so verwischt er mit dem Schwanze seine Spuren, damit nicht der Jäger seine Höhle finde, indem er seinen Spuren folgt, und ihn belästige.

So hat auch mein Heiland, der siegreiche, starke Löwe aus dem Stamme Juda, die Wurzel Davids, gesandt von dem ewigen Vater, seine geistigen Spuren enthüllt, d. h. die Gottheit. Mit den Engeln wurde er ein Engel, mit den Thronen ein Thron, mit den Mächten eine

Macht, mit den Menschen ein Mensch, bis er herniederstieg und zu der Mutter Maria kam, damit er das irrende Geschlecht der Menschen erlöse. »Und das Wort ward Fleisch und wohnete unter uns.« Infolgedessen ihn, den Herabgestiegenen, nicht kennend, sprachen die Himmlischen: »Wer ist dieser König der Ehre?« Es sprach aber der heilige Geist: »Herr der Mächte ist dieser König der Ehre.«

Die zweite Eigenschaft des Löwen: Wenn der Löwe in der Höhle schläft, so wacht er vielmehr, denn seine Augen sind geöffnet. Dies bezeugt auch Salomo im Hohenliede, indem er sagt: »Ich schlaf, und mein Herz wacht.« Denn der fleischliche Teil des Herrn schläft, an dem Kreuze, seine Gottheit aber wacht zur Rechten des Vaters. »Denn der Hüter Israels schläft noch schlummert nicht.«

Die dritte Eigenschaft des Löwen: Wenn die Löwin das Junge gebiert, gebiert sie es tot. Die Löwin aber behütet ihr Kind, bis sein Vater am dritten Tage kommt, in sein Gesicht bläst und es erweckt. So erweckt auch der Gott und Vater des Alls den Erstgeborenen vor allen Kreaturen, unsern Herrn Jesus Christus, seinen Sohn, von den Toten. Schön nun sprach Jakob: »Wie ein Junges, wer wird es erwecken?«

Vierte Eigenschaft des Löwen: Wenn er nichts zu fressen findet, so geht er auf einen wüsten Acker oder auf einen Berg und schließt einen großen Raum durch einen Kreis ein, den er mit seinem Schwanze beschreibt, indem er ihn auf dem Erdboden hinter sich herschleifen läßt, und bildet eine Art Hürde. Und wenn er sich der Stelle genähert hat, von wo er den Anfang machte, legt er sich ausgestreckt auf die Erde mit geöffneten Augen. Wenn nun die Tiere kommen und sich fürchten, an dem Löwen vorbeizugehen, gehen sie nach der Richtung, von wo der Löwe nicht gekommen ist, und da sie ihn nicht finden, nähern sie sich dem Löwen. Dann ergreift und verzehrt er sie.

Wie er nun den Jäger flieht, mit seinem Schwanze die Spuren verwischend, und der Jäger ihn durch seine Fährte nicht zu finden vermag, so wisse, vernünftiger Mensch, wenn du ein Almosen gibst, auch deine Linke nicht das Werk deiner Rechten, daß dich nicht irgendwie der Teufel ausspüre mit deinen guten Werken und dich vielmehr zum Schlechten lenke.

Schön sprach der Physiologus über den Löwen.

Der Ameisenlöwe

ELIPHAS, DER KÖNIG VON THEMAN, sagt: »Der Ameisenlöwe ist umgekommen, weil er keine Speise hat.« Der Physiologus sagte, daß er das Antlitz des Löwen hat und das Hinterteil einer Ameise. Sein Vater ist ein Fleischfresser, seine Mutter aber ißt Pflanzennahrung. Wenn sie nun den Ameisenlöwen erzeugen, erzeugen sie ihn mit zwei Eigenschaften. Er kann nicht Fleisch fressen wegen der Eigenschaft der Mutter und keine Pflanzennahrung wegen der Natur seines Vaters; er kommt also um, weil er keine Nahrung hat. So hat jeder Mensch eine doppelte Seele, unstät in allen seinen Wegen. Man darf nicht zwei Wege gehen, noch doppelt reden im Gebet; es ist nicht schön das Ja und das Nicht-Ja, sondern das Ja, Ja und das Nein, Nein.

Der Panther

Der Prophet weissagte und sprach: »Ich wurde dem Ephraim wie ein Panther.« Der Physiologus erzählte vom Panther, daß er folgende Eigenschaft besitzt: Er ist das freundlichste aller Tiere, ein Feind aber des Drachen. Er ist bunt wie der Rock Josephs. Er ist sehr ruhig und sanft. Wenn er gegessen und sich gesättigt hat, schläft er in seiner Höhle. Und am dritten Tage erwacht er und schreit, einen lauten Schrei ausstoßend. Und die Tiere in der Ferne und Nähe hören seine Stimme. Infolge seines Schreies strömt ein großer Wohlgeruch aus seinem Munde. Und es folgen die Tiere dem Wohlgeruch des Panthers und laufen in seine Nähe.

So ward auch Christus, als er am dritten Tage erwacht war und von den Toten auferstanden, ganz Wohlgeruch den Friedfertigen in der Nähe und in der Ferne. Sehr mannigfaltig aber ist die rechte Weisheit Gottes. Wie auch der Psalmist sagte: »Es steht die Königin zu deiner Rechten, in ein goldenes und buntfarbiges Gewand gehüllt«, welche die Kirche ist. Sehr mannigfaltig ist Christus, indem er selbst Keuschheit, Enthaltsamkeit, Almosen, Glaube, Tugend, Langmut, Eintracht, Friede ist.

Schön nun sprach der Physiologus vom Panther.

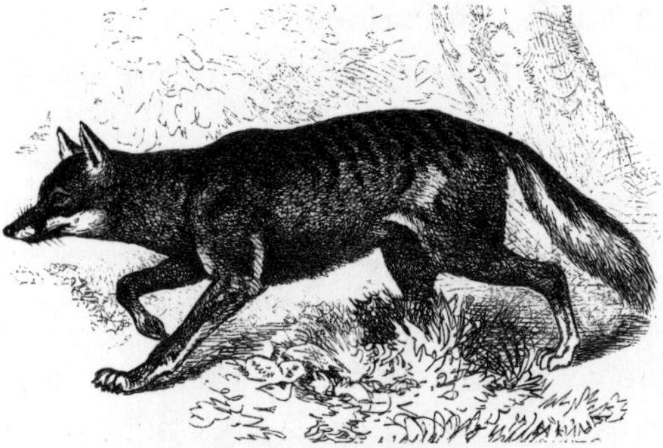

Der Fuchs

»DIE FÜCHSE HABEN GRUBEN und die Vögel des Himmels Nester«, sagt zu den Schriftgelehrten der Herr. Und im Hohenliede sagt Salomo: »Fanget uns die kleinen Füchse, denn sie verderben die Weinstöcke.« Und David spricht in einem Psalme: »Sie werden den Füchsen zuteil werden.« Der Physiologus erzählte vom Fuchs, daß er ein sehr listiges Tier ist. Wenn er hungert und keine Jagd findet, so erfindet er folgendes: Er setzt sich an einen Ort, wo Wärme und Spreu ist, oder wirft sich auf den Rücken und hält den Atem an und bläht sich völlig auf, so daß er tot erscheint. Indem die Vögel nun glauben, daß er gestorben sei, lassen sie sich auf ihn nieder, um ihn zu verzehren. Nun springt er auf und fängt und verzehrt sie. So ist auch der Teufel sehr listig in seinen Taten. Der an seinem Fleische teilnehmen will, stirbt. Zu seinem Fleische aber gehören: Ehebruch, Habsucht, Unzucht, Lüste, Morde. Daher auch Herodes mit diesen verglichen wird. »Sprecht nämlich«, sagt der Herr, »zu diesem Fuchse.«

Schön nun sprach der Physiologus vom Fuchse.

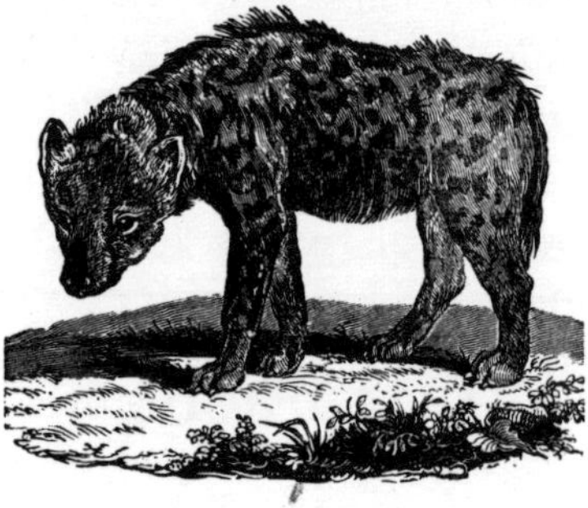

Die Hyäne

DAS GESETZ SAGT: »Du sollst die Hyäne nicht essen noch desgleichen.« Der Physiologus erzählte von dieser, daß sie mannweiblich ist, bald männlich, bald weiblich. Sie ist ein unreines Tier, weil sie ihre Natur verändert. Deshalb sagt auch Jeremias: »Mein Erbteil ist die Höhle der Hyäne.«

Mache nun nicht auch du dich der Hyäne gleich, welche der göttliche Apostel tadelt, indem er sagt: »Männer treiben mit Männern Unzucht.«

Der Ichneumon

Es gibt ein Tier, Ichneumon genannt; er ist ein Feind des Drachen. Wenn er einen sehr wilden Drachen findet, so geht er, wie der Physiologus erzählt, und bestreicht sich mit Lehm und bedeckt die Nase mit dem Schwanze. So nahm auch unser Heiland irdisches Wesen an, d. h. den Leib; diesen nahm er an und verbarg in ihm seine Gottheit, bis er den starken Drachen tötete, welcher an dem Flusse Ägyptens saß, d. h. den Teufel. Denn wenn Christus ohne Körper den Drachen vernichtete, würde ihm der Drache sich widersetzen, weil er Gott ist und Heiland. Aber er, der größer war als alle, erniedrigte sich selbst, damit er alle erlöse.

Das Wiesel

Das Gesetz sagt: »Du sollst kein Wiesel essen, noch desgleichen.« Der Physiologus erzählte von ihm, daß es folgende Eigenschaft hat: Sein Mund empfängt von dem Männchen, und durch die Ohren gebiert es.

Es gibt einige, welche unstät das himmlische und geistige Brot in der Kirche benagen. Wenn sie aber hinausgegangen sind, so werfen diese Menschen das Wort des Herrn aus ihren Ohren heraus, und sie werden wie die taube Schlange Aspis, welche ihre Ohren verstopft. Iß also nicht das Wiesel noch desgleichen.

Die Fischotter

Es gibt ein Tier, Fischotter genannt, von der Gestalt eines Hundes. Sie ist aber ein Feind des Krokodils. Wenn das Krokodil schläft, hat es den Mund geöffnet. Nun nähert sich die Fischotter und bestreicht den ganzen Körper mit Schlamm. Und wenn der Schlamm getrocknet ist, springt sie in den Mund des Krokodils und zerfleischt seine Eingeweide. Es gleicht nun das Krokodil dem Teufel, die Fischotter aber wird als Abbild unseres Heilandes gedacht. Denn nachdem er irdisches Wesen und Fleisch angenommen, stieg er zur Hölle hernieder und löste die Schmerzen des Todes und stand am dritten Tage wieder auf.

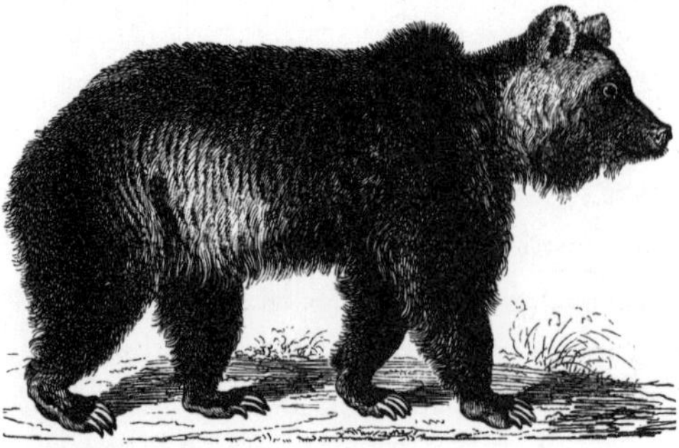

Der Bär

Ferner erzählt der Physiologus auch vom Bären, er sei ein Tier, seiner Natur nach schwerfällig, und laufe nicht leicht wie die übrigen Tiere, sondern bewege sich meistens langsam. Und am meisten liebt er es, sich einzugraben und sich in seiner Grube verborgen zu halten. Auch seine Glieder sind von der Natur nicht zur Geschicklichkeit geformt, seinem ungeheuren Körper gemäß den er hat. Die Zeiten der Kälte bringt er beständig in seiner Grube zu.

Warum nehmen wir hieraus unsere Betrachtung, indem wir Gewinn suchen aus den einzelnen Punkten dessen, worüber wir sprechen?

Denn der Bär ist uns ähnlich, weil er das Aussehen und das Bild der Sünde an sich trägt, welche ebenfalls schwerfällig ist und nach unten herabzieht und dem Menschen anhängt, daß er herabgedrückt wird. Und er läuft nicht leicht: d. h. nicht als ob er zum Sündigen antreiben will, läßt er ihn sündigen, sondern er bewegt sich langsam; ich meine aber, durch Hinterlist und Trug und Netze fängt der Jäger einen, daß er eine Sünde begeht. Und er liebt es sehr, sich verborgen zu halten und sich einzugraben in seinen Schlupfwinkeln; ich meine in jenen, welche ihm willfahren. Auch seine Glieder sind nicht geschaffen und bereitet zu einer größeren Behendigkeit nach der Beschaffenheit des gewaltigen Körpers, den er hat; d. h. auch die Netze und die verabscheuungswürdigen Begierden der Sünde sind nicht nach Art der gewaltigen Masse, welche er auf uns gehäuft hat. Und zur Zeit der Kälte hält er sich beständig in der Grube auf d. h. wenn der Mensch durch seine Lüste und Netze bestrickt wird, bringt er in dem, der ihm den Schlupfwinkel bereitet, beständig sein Leben zu.

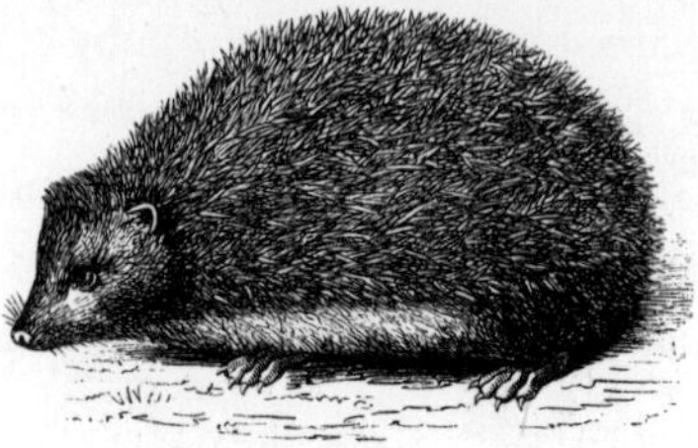

Der Igel

DER PHYSIOLOGUS ERZÄHLTE VOM IGEL, daß er ein kleines Tier ist, von der Gestalt einer Kugel ganz mit Stacheln besetzt. Er verschaffe sich nun seine Nahrung so: Er geht zu einem Weinstock und steigt auf die Traube und reißt die Beeren ab und wirft sie auf die Erde. Darauf wirft er sich selbst von oben herab und die Beeren haften an seinen Stacheln, und er bringt sie seinen Kindern und läßt die Trauben leer an der Weinrebe. Und du nun, Mensch, stelle dich zu dem rechten und wahren Weinstock, welcher ist Christus, der wahrhaftige Gott, und überlege, wie konntest du zulassen, daß der böse Geist in dein Herz stieg und deinen schönen Zustand zerstörte und verwirrte und dich mit den Stacheln des Teiles in die Irre trieb, so daß dein Zustand durch die feindlichen Mächte verkehrt wurde; und wie eine Traube ließest du deine Seele leer zurück.

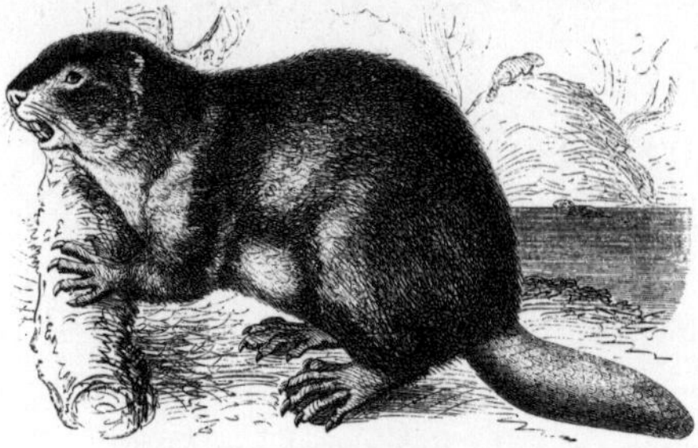

Der Biber

ES GIBT EIN TIER, BIBER GENANNT, sehr sanft und ruhig. Seine Testikeln aber sind förderlich zur Körperpflege. Wenn er vom Jäger verfolgt wird und erkennt, daß er ergriffen wird, so beißt er dieselben ab und wirft sie dem Jäger hin. Wenn er aber auf einen anderen Jäger trifft, so wirft sich der Biber auf den Rücken. Und wenn der Jäger bemerkt, daß er keine Testikeln hat, so geht er von ihm fort.

Und du nun, o Mensch, gib das, was dem Jäger gehört, ihm zurück – der Jäger aber ist der Teufel –, Unzucht in dir oder Ehebruch oder Habsucht nicht weniger.

Schneide solches ab und gib es dem Jäger, und er wird dich loslassen, damit auch du sagest: »Meine Seele ist wie ein Vogel entronnen den Netzen der Jäger.«

Der Wildesel

Es steht in Hiob geschrieben: »Wer hat den Wildesel freigelassen?« Der Physiologus erzählte von ihm: Wenn die Herden weiden, so schweift der männliche Wildesel nämlich der Vater, umher und späht. Und wenn er einen anderen männlichen findet, kastriert er ihn, damit er nicht befruchte.

Die Patriarchen nun suchten einen befruchteten Körper zu säen. Die Apostel aber, welche in ihrer Lebensführung rechte Kinder waren, übten die Enthaltsamkeit, himmlischen Samen verlangend, gleichwie geschrieben steht: »Sei fröhlich, du Unfruchtbare, die du nicht gebierst, und brich hervor und ruf, die du nicht schwanger bist, denn die Einsame hat vielmehr Kinder, denn die den Mann hat.«

Schön nun hat der Physiologus vom Wildesel geredet.

Der Wildesel und der Affe

Es gibt noch eine andere Eigenschaft des Wildesels. Der Physiologus erzählte von ihm, daß er in den königlichen Schlössern gefunden wird, und am 25. des Monats Phamenot erkennt man am Wildesel daß Tag- und Nachtgleiche ist. Wenn er nun zwölfmal gebrüllt hat, erkennt der König und der Hof daß Tag- und

Nachtgleiche ist. Und wenn der Affe siebenmal am Tage uriniert, so ist Tag- und Nachtgleiche.

Der Wildesel ist nun der Teufel. Nachdem die Nacht, d. h. das Volk der Heiden, dem Tage gleich geworden war, d. h. den Propheten, so brüllte der Wildesel d. h. der Teufel. Und der Affe bedeutet das Abbild ebendesselben Teufels, denn er hat einen Anfang, aber kein Ende, d. h. keinen Schwanz wie der Teufel. Im Anfang gehörte dieser zu den Erzengeln, aber sein Ende wurde nicht gefunden.

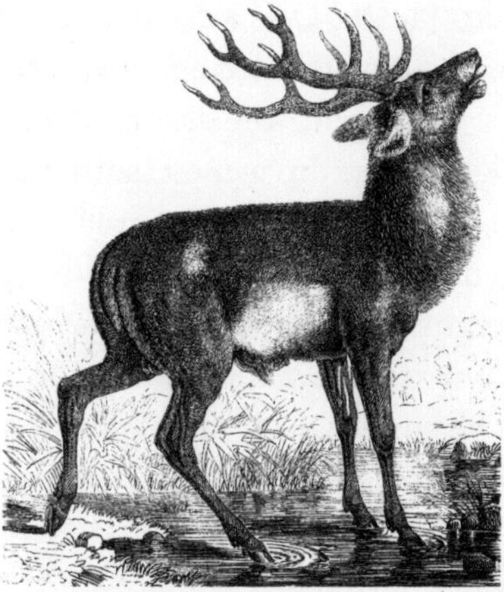

Der Hirsch

»Wie der Hirsch begehrt nach frischem Wasser«, sagt der göttliche David, »so begehrt meine Seele nach dir, o Gott.« Der Physiologus erzählte vom Hirsche, daß er sehr durstig ist. Durstig aber wird er davon, daß er

Schlangen frißt. Denn die Schlange ist ein Feind des Hirsches. Wenn nun die Schlange in ein Erdloch flieht, so geht der Hirsch und füllt seine Kehle mit Quellwasser und speit es in das Erdloch aus und treibt die Schlange hervor und zertritt und tötet sie.

So möge auch mein Herr die große Schlange töten, nämlich den Teufel durch das himmlische Wasser, nämlich durch die vortrefflichen Lehren. Nicht kann nun die Schlange sich dem Hirsche nahen, noch der Teufel den vortrefflichen Worten des Herrn. Und du nun, o Mensch, fülle deine Kehle an mit den evangelischen Worten des Herrn. Und sie sagen dir: »Du sollst nicht stehlen, nicht Unzucht treiben, nicht töten, nicht ehebrechen.« Und wenn du davor dich hütest und jede Schlechtigkeit von dir weisest, so speie es aus, und du wirst den erzbösen Drachen, nämlich den Teufel töten. Und indem der Herr aus seiner Seite das Blut und das Wasser vergoß nahm er von uns den Drachen durch das Bad der Wiedergeburt und nahm von uns jede teuflische Einwirkung. Es gleichen nun dem Hirsche auf andere Weise die Asketen, welche ein tugendhaftes und mühevolles Leben in großer Beschwerlichkeit zubringen, welche, nachdem sie durstig geworden sind, zu den Quellen der heilbringenden Buße eilen und durch das Bekenntnis der Tränen die glühenden Geschosse des Bösen auslöschen und den großen Drachen, nämlich den Teufel zertreten und töten.

Andere Eigenschaft: Der Hirsch hat die Gestalt einer wilden Gazelle, sein Gehörn hat drei Enden nach seinen drei Erneuerungen. Dieser lebt fünfzig Jahre. Und nach diesen fünfzig Jahren läuft, er noch wie ein tüchtiger Läufer durch die waldigen Täler und Schluchten der Berge, und er wittert die Löcher der Schlangen, und sogleich legt er die Nüstern an den Eingang der Höhle und holt Atem. Und die Schlange fährt heraus und geht in die Kehle des Hirsches und so schluckt er sie hinunter, und deswegen wird er Hirsch (Ἔλαφος) genannt, weil er die Schlangen aus der Tiefe fängt. Mit der Schlange aber läuft er zu den Wasserquellen; wenn er während drei Stunden nicht Wasser trinkt, stirbt er, wenn er aber Wasser findet, lebt er wiederum fünfzig Jahre. Deswegen sagt David: »Wie der Hirsch begehrt nach frischem Wasser, so begehrt meine Seele nach dir, o Gott.« (Ps. 42. 2)

Und du nun, vernünftiger Mensch, hast drei Erneuerungen in dir, diese sind eine Taufe der Unvergänglichkeit, die Gnade der Annahme an Sohnes Statt und die Buße. Und wenn du die Schlange in deinem Herzen fängst, d. h. die Sünde, so läuft, sogleich zu den Wasserquellen, d. h. zu den Adern der Schrift und der Prophezeiung. Dies wird erläutert, trinke das Wasser des Lebens, d. h. das heilige Geschenk in Gemeinschaft mit der Buße. Erneuere dich endlich mit der Buße, und die Sünde wird getötet.

Schön hat der Physiologus berichtet über den Hirsch.

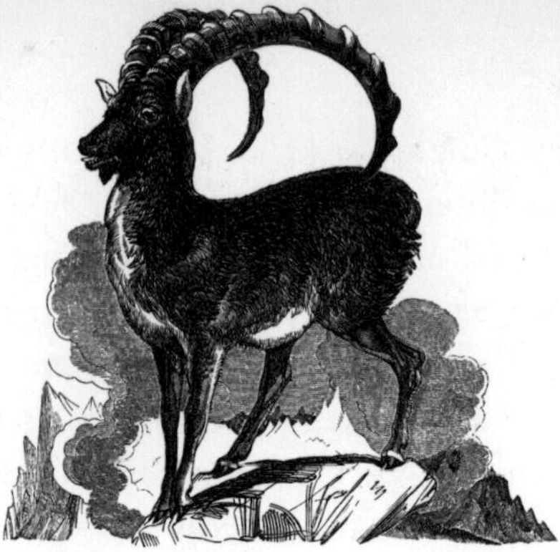

Der Steinbock

Es gibt ein Tier, genannt Steinbock. Der Physiologus erzählte von ihm, daß er die hohen Berge liebt, seine Nahrung aber findet er auf den niederen Bergen, und er bemerkt von fern alle, die auf ihn zukommen, und erkennt, oh sie mit Trug auf ihn zukommen oder mit Freundschaft.

Er ist nun der Ausdruck der Weisheit Gottes. Denn er ist es, welcher die hohen Berge liebt, wie Salomo sagt: »Siehe, mein Freund geht auf den Bergen und springt auf den Hügeln.« Es werden nun die Berge für die Propheten genommen, die Hügel für die Apostel. Da der Steinbock sehr scharfblickend ist, so zeigt er an, daß der Heiland alles Getane sieht. Denn Gott (ϑεσς) heißt er, weil er alle unsere Toten sieht (ϑεωρετ). Und die auf ihn mit Trug Zuschreitenden erkennt er, wie er den Judas erkannte, als er ihn mit einem Kusse verraten wollte. Denn er erkannte, sagte der Herr, die mit ihm waren. Es sagt aber auch Johannes: »Siehe das Lamm Gottes, welches der Welt Sünde trägt.«

Das Einhorn

»Und es wird erhöht werden«, sagt der Psalmist, »mein Horn wie das des Einhorns.« Der Physiologus erzählte vom Einhorn, daß es folgende Eigenschaften hat. Es ist ein kleines Tier, ähnlich einem Böcklein, es ist aber sehr listig, und der Jäger kann sich ihm nicht nähern, weil es große Kraft besitzt. Es hat ein Horn in der Mitte seines Kopfes. Ich will nun erzählen, wie es gefangen wird. Eine reine Jungfrau, welche bekleidet ist, schicken sie ihm entgegen. Und das Tier springt an den Busen der Jungfrau. Und sie bemächtigt sich seiner, und es folgt ihr, und sie trägt es zum Palaste des Königs.

Dasselbe wird nun zum Abbild unseres Heilandes genommen. Denn es ist aufrichtet aus dem Hause unseres Vaters David das Horn zu unserem Heile. Die englischen Mächte konnten sich desselben nicht bemächtigen, sondern es wohnete im Leibe der in Wahrheit ewigen Jungfrau Maria: »Und das Wort wurde Fleisch und wohnete unter uns.« – Zweite Eigenschaft. Es gibt ein Tier, Einhorn genannt. In jenen Örtern gibt es einen großen See, und es versammeln sich die Tiere, um zu trinken. Bevor aber dieselben sich versammeln, kommt die Schlänge und wirft ihr Gift in das Wasser. Die Tiere merken nun das Gift und wagen nicht zu trinken und erwarten das Einhorn. Es kommt und geht sogleich in den See hinein, und mit seinem Horne ein Kreuz schlagend, macht es die Kraft des Giftes unschädlich. Und es trinken auch alle jene Tiere.

Der Antholops

Es gibt ein Tier, genannt Antholops. Dieses Tier ist sehr listig, so daß sich der Jäger ihm nicht nähern kann. Es hat am Kopfe große Hörner von der Gestalt einer Säge, so daß es große und bis in den Himmel ragende Bäume absägen und auf die Erde niederwerfen kann. Wenn es durstet, gebt es zum Euphrat und trinkt. Es gibt dort Heidekraut mit biegsamen Zweigen; das Tier beginnt nun mit dem Heidekraut zu spielen und verwickelt sich mit den Hörnern, und es wird von den Zweigen festgehalten und umwickelt und schreit laut, indem es entfliehen will; aber es kann nicht. Nachdem der Jäger dieses gehört und bemerkt hat, daß es gefangen ist, kommt er und tötet es.

Und du nun, o Mensch, der du die beiden Hörner hast, das alte und das neue Testament, mit welchen du deine Feinde stoßen kannst, welche sind Unzucht, Ehebruch, Habsucht und die übrigen Leidenschaften, die dem Heidekraut ähnlich sind, verwickle dich nicht in jene; denn der böse Jäger möchte dich töten.

Zweite Fassung. Der Urus, das größte Tier von allen, ist einem Stier ähnlich und hat zwei Hörner von Gestalt einer Säge, und ist vor allen Tieren schrecklich anzusehen, und so schüttelt es hochgewachsene Bäume und sägt sie entzwei und reißt die Äste ab, und es gibt kein Tier, das stärker wäre als dieses. Es weidet nicht weit vom Ozean; sogleich aber wenn es getrunken hat, spielt es wie trunken und bedroht mit den Hörnern wie ein

Stier den Erdboden. Es gibt dort aber einen Baum, welcher Tanus heißt, mit weißen Ästen; wenn der Urus diese mit dem Kopfe erschüttert, wird das Gehörn gefesselt. Nun kommt der Jäger hinzu und ergreift das mit dem Gehörn verwickelte Tier und tötet es.

Erste Erläuterung. Du nun, o Mensch, betrachte, um wie viel edler dich Gott erschaffen hat als den Urus. Denn an Stelle der Hörner hat er dir die beiden Testamente gegeben, das neue und das alte, welche die Hörner sind gegen die feindlichen Mächte, daß dich der Teufel nicht umgarne. Denn der Prophet sagt: »Für dich werden wir unsere Feinde mit dem Horne angreifen.«

Zweite Erläuterung. Der Ozean bedeutet die Fülle des Reichtums, der Tanusbaum aber die Wollust des Lebens, in welche verwickelt, der Mensch den Glauben vernachlässigt. Der Jäger also, d. h. der Teufel greife jenen an, welchen er den Lüsten ergeben und den Glauben vernachlässigend findet, und bringt ihn in seine Gewalt.

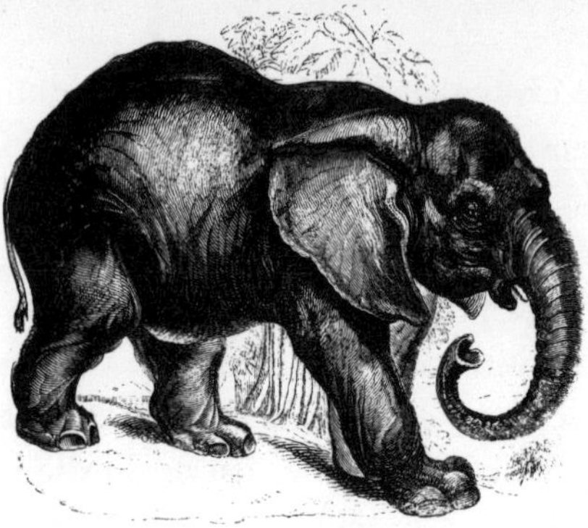

Der Elefant

ES GIBT EIN TIER, GENANNT ELEFANT. Dieses Tier hat nicht die Begierde der Begattung. Wenn nun das weibliche Tier gebären will, begibt es sich nach Osten in die Nähe des Paradieses. Dort gibt es einen Baum, genannt Mandragora. Das männliche Tier kommt nun mit dem weiblichen dorthin. Und das weibliche genießt zuerst von dem Baume und gibt davon auch seinem Männchen und scherzt mit ihm, bis dieses auch davon nimmt. Und wenn dasselbe gegessen hat, verbindet es sich sogleich mit dem Weibchen. Wenn ihm nun die Zeit herannaht zu gebären, geht es zu einem See, bis ihm das Wasser an die Brust reicht. Und so gebärt es schließlich sein Junges über dem Wasser, und dieses geht an die Brust der Mutter und saugt. Der Elefant aber bewacht sie inzwischen wegen der Schlange, da dieselbe ein Feind des Elefanten ist. Wenn er nun die Schlange findet, zertritt und tötet er sie.

Die Natur des Elefanten hat noch folgende Eigenschaft: Wenn er gefallen ist, kann er nicht aufstehen, denn seine Knie haben keine Gelenke. Wie aber fällt er? Wenn er schlafen will, lehnt er sich an einen Baum und schläft so. Die Inder nun, da sie die Eigentümlichkeit des Elefanten kennen, gehen hinzu und sägen den Baum ein wenig an. Es kommt nun der Elefant sich anzulehnen, und sobald er sich dem Baum genähert hat, fällt derselbe mit ihm zu Boden. Nachdem er nun gefallen ist, kann er nicht aufstehen. Er beginnt also zu weinen und zu schreien. Das hört ein anderer Elefant und kommt, um ihm zu helfen, aber er kann den Gefallenen nicht aufrichten. Darauf schreien die beiden, und es kommen zwölf andere. Aber auch diese sind nicht imstande, ihn aufzurichten. Darauf schreien sie alle. Zuletzt von allen kommt der kleine Elefant und legt seinen Rüssel um den Elefanten und hebt ihn auf.

Die Eigenschaft des kleinen Elefanten ist jedoch folgende: Wenn du seine Haare oder seine Knochen an irgendeinem Orte verbrennst, so kommt weder ein Teufel noch eine Schlange dorthin, noch wird irgend etwas anderes Böses dort gefunden.

Sie werden nun mit Adam und Eva verglichen. Adam und sein Weib, solange sie in der Üppigkeit des Paradieses waren vor dem Sündenfall, kannten die Begattung nicht und hatten keine Kenntnis der geschlechtlichen Vereinigung; aber als das Weib gegessen hatte von dem Baume, d. h. von der kräftigen Mandragora, und auch ihrem Manne gegeben hatte, da erkannte Adam die Eva, und sie gebar den Kain über dem tadelnswerten Wasser, wie David sprach: »Rette mich,

Gott, da das Wasser bis an meine Seele reicht.« Als nun der große Elefant gekommen war, nämlich das Gesetz, konnte er nicht den Gefallenen aufrichten. Darauf kamen die zwölf Elefanten, nämlich der Chor der Propheten; aber auch diese konnten ihn nicht aufrichten. Zuletzt nun kam der rechte Elefant, nämlich Christus der Gott, und richtete den Gefallenen von der Erde auf. Denn der erste von allen war der kleinste von allen. Er erniedrigte sich selbst und nahm Knechtesgestalt an, damit er alle erlöse.

Der Prion

DIESES TIER HAT LANGE FLÜGEL und, wenn es segelnde Schiffe sieht, ahmt es dieselben nach und hebt die Flügel in die Höhe und segelt, wetteifernd mit den Schiffen. Wenn es aber dreißig oder vierzig Stadien gemacht hat, so ermüdet es und legt die Flügel über sich, und die Wellen tragen es an seinen alten Ort zurück.

Es werden nun die Schiffe zum Vergleich genommen mir den Aposteln und Märtyrern, welche, gleichsam das Meer durchschiffend, von den Wellen überschüttet, d. h. von den Geschäften des Lebens, sich geborgen haben in den sicheren Hafen, d. h. in das himmlische Reich. Das Tier aber muß verglichen werden denjenigen, welche mir dem Dienst der Askese den Anfang gemacht haben und wiederum zurückgeeilt sind zu dem früheren Wandel des weltlichen Lebens.

Schön nun sprach der Physiologus von dem Prion.

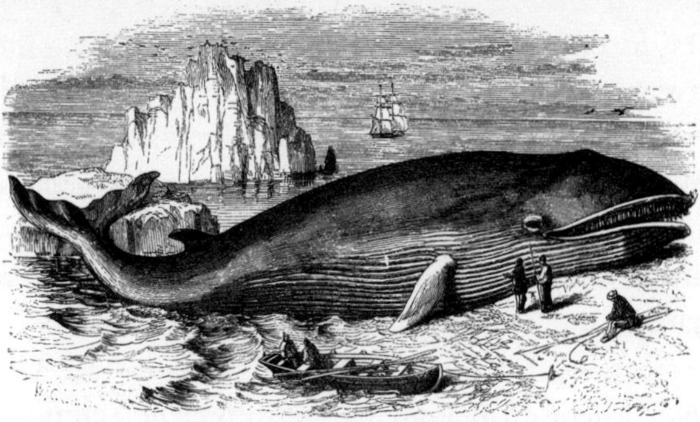

Der Walfisch

SALOMO LEHRT IN DEN SPRÜCHEN, indem er sagt: »Nahe dich nicht einem schlechten Weibe. Denn Honig träufelt von den Lippen einer Dirne, welche zu gelegener Zeit deine Kehle salbt; später jedoch wirst du Bittereres als Galle finden und Schärferes als ein zweischneidiges Schwert. Denn die Füße ihres Unverstandes führen diejenigen, welche mit ihr umgehen, zum Tode in die Hölle.« Es ist nun ein Ungeheuer im Meere, genannt Walfisch. Es hat zwei Eigenschaften. Seine erste Eigenschaft ist folgende: Wenn es hungrig ist, öffnet es sein Maul und jeglicher Wohlgeruch entströmt demselben. Und es versammeln sich die kleinen Fische in Haufen bei dem Maule, und es schlürft sie hinunter. Aber die großen und ausgewachsenen Fische nähern sich ihm nicht.

So verlocken auch der Teufel und die Häretiker durch ihre Wohlredenheit und durch die Täuschung, daß es Wohlgeruch scheint, die Einfältigen und die in ihrer Einsicht Unvollkommenen. Die aber in ihrem Verstande Ausgebildeten fangen sie nicht. Wie Hiob gleichsam ein ausgewachsener Fisch war, auch Moses, Jeremias, Jesaias und der ganze Chor der Propheten; so vermochte Judith dem Holofernes zu entziehen, Esther dem Artaxerxes, Susanna den Greisen, Thekla dem Thamyris.

Seine andere Eigenschaft ist folgende: Das Ungeheuer ist sehr groß ähnlich einer Insel. Die Schiffer nun binden aus Unkenntnis ihre Fahrzeuge an ihn an, wie an einer Insel. Sie machen darauf ein Feuer an, um sich ihr Mahl zu kochen. Und wenn das Ungeheuer warm geworden ist, so taucht es unter in die Tiefe und versenkt das Fahrzeug mit Mann und Maus.

Du, o Mensch, wenn du dich hängst an die eitlen Hoffnungen des Teufels, versenkst dich mit ihm in das Feuer der Hölle.

Schön nun hat der Physiologus vom Walfisch geredet.

Der Hydrippus oder das Seepferd

Es gibt aber auch ein Tier, genannt Hydrippus; er hat vorn die Gestalt eines Pferdes und von der Hälfte abwärts die Gestalt eines Fisches. Er schwimmt im Meere, in welchem er der Anführer aller Fische ist. Im

Osten aber der Erde gibt es einen goldfarbigen Fisch, dessen Aussehen ganz golden ist und der seinen Ort nicht verläßt. Wenn sich die Fische des Meeres in Scharen gesammelt haben, so wandern sie zu dem Hydrippus, und dieser wandert selbst nach dem Osten. Die Fische schwimmen mit ihm, die einen von Norden, die andern von Süden, und sie ziehen zu dem goldenen Fisch. Und wenn der Hydrippus und alle Fische angekommen sind, so begrüßen sie jenen als ihren König, und wiederum kehren sie dann zurück zu ihren heimischen Örtern. Und indem die männlichen Fische voran schwimmen und die weiblichen hinterher, so werfen die männlichen ihren Samen ab, die weiblichen aber, welche hinten folgen, empfangen ihn sogleich und werden befruchtet.

Der Hydrippus bedeutet Moses, den ersten der Propheten. Das Meer bedeutet die Welt, die Fische bedeuten den Weg der Rechtgläubigkeit. Sie wandern zuerst zu dem Propheten; sie werden gefangen vom heiligen Geiste. Die Menschen aber folgen, wenn sie gefangen sind, den Lehren der Propheten nach und genießen die Gnade des Geistes. Die Netze bedeuten die Wege des Baal zum Verderben. Diejenigen, welche nicht dem Hydrippus folgen, sondern sich weiter entfernen, fallen in die Netze der Fischer. Diejenigen aber, welche die Prophezeiung hörten und ihr folgten, fielen nicht in die Schlingen der Netze.

Schön sprach der Physiologus vom Hydrippus.

Die Sirenen und Onocentauren

DER PROPHET JESAIAS SAGTE, daß Teufel und Sirenen und Igel tanzen werden in Babylon. Der Physiologus erzählte von den Sirenen und Onocentauren, daß die Sirenen todbringende Geschöpfe im Meere sind. Wie die Musen singen sie mit ihren Stimmen. Und wenn die Vorüberschiffenden ihre Weisen hören, so stürzen sie sich in das Meer und kommen um. Sie haben aber die Gestalt eines Weibes bis zum Nabel zur andern Hälfte haben sie die Gestalt eines Vogels. In gleicher Weise haben die Onocentauren halb die Gestalt eines Menschen, halb von der Brust an, die eines Pferdes. So hat jeder Mensch zwei Seelen, unbeständig in allen seinen Wegen.

Es sind manche in der Kirche versammelt zwar mit dem Scheine eines gottseligen Wesens, aber seine Kraft leugnen sie. Und in der Kirche sind sie wie Menschen; wenn sie aber hinausgegangen sind, werden sie töten. Diese sind nun Ebenbilder der Sirenen und Onocentauren, der feindlichen Mächte und der heuchlerischen Häretiker. Denn durch ihre edle Rede verführen diese wie die Sirenen die Herzen der Guten. »Denn es verderben böse Geschwätze gute Sitten.«

Schön nun hat der Physiologus von den Sirenen und Onocentauren gesprochen.

Die Gorgo

Die Gorgo hat die Gestalt eines schönen, buhlerischen Weibes. Die Haare ihres Kopfes sind wie Gold ihr Angesicht aber ist der Tod, sie scherzt und lacht zu ihrer Zeit, und sie schweift allein rasend umher auf den Gebirgen des Westens. Und wenn der Tag ihres Begehrens herankommt, so steht sie auf und schreit wie ein Löwe und die übrigen wilden Tiere, dann wie ein Mensch, wie ein Stück Vieh und wie ein geflügelter Drache und spricht: »Hierher zu mir und genießet die fleischliche Lust.« Und es kommen schließlich alle, welche ihre Stimme hören, und sehen sie; sogleich sterben sie, denn dieselbe kennt alle Sprachen der Tiere und Menschen, des Viehes und der Vögel. Auf welche Weise wird ihrer der Zauberer Herr? Dieser kennt durch die Sternkunde den Ort ihres Aufenthaltes und wandert dorthin, von ferne sie bezaubernd. Sie aber beginnt sogleich zu schreien wie ein Löwe und wie die übrigen wilden Tiere.

Wenn sie aber bis zur Hörweite des Zaubergesanges gekommen ist, so antwortet er und spricht: »Grabe eine Grube an dem Orte unten am Flusse und lege dein Haupt hinein, damit ich es nicht sehe und sterbe, und ich komme und werde mit dir ruhen.« Jene tut es aber sofort, dann kommt der Zauberer, und indem er sich abwendet, köpft er sie. Und er sieht ihren Kopf nicht an, damit er nicht sterbe, und legt denselben in ein Gefäß. Wenn er aber einen Drachen sieht oder ein anderes wildes Tier, oder einen bösen Menschen, so zeigt er den Kopf der Gorgo und versteinert sie, wie auch der König Alexander sie besaß und über alle Völker herrschte. Und du nun, o Mensch, wenn dein Verstand in gleicher Weise vernünftig gegen Gott ist, wirst herrschen ungehindert über die feindlichen Mächte.

Schön nun sprach der Physiologus von der Gorgo.

Der Specht

DER SPECHT IST EIN BUNTER VOGEL. Er steigt auf die Bäume und klopfe mit seinem Schnabel auf dieselben und horcht dann mit dem Ohr. Und wenn er findet, daß der Baum leicht und morsch ist, so baut er auf demselben sein Nest; wenn er jedoch kerngesund ist, so entfernt er sich schnell von dem Baume.

Wie der Specht, wenn er einen morschen Baum findet, auf ihm sein Nest baut, so tut es auch der Teufel in dem Menschen; denn wenn er ihn schwach findet auf dem Wege der Tugend in seiner Seele, so macht nicht nur er selbst in jenem Menschen Wohnung, sondern auch andere umherschweifende Geister. Und der Mensch wird eine Behausung unreiner Leidenschaften; denn dieses bewirken die Teufel. Wenn ihn aber jener mannhaft in Heiligkeit findet und in dem Glauben, so entfernt er sich von ihm.

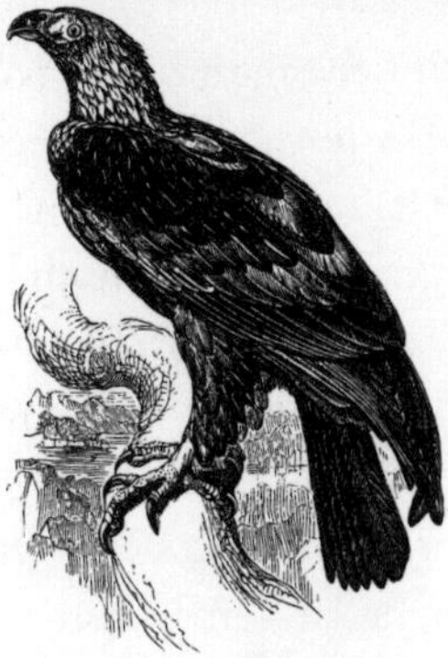

Der Adler

I. DER SELIGE UND HEILIGE SÄNGER DAVID SINGT: »Deine Jugend wird verjüngt werden wie die des Adlers.« Der Physiologus aber sagte von ihm, daß er folgende Eigenschaft hat: Wenn er alt wird, werden seine Flügel schwer, und sein Gesicht wird schwach. Was tut er nun? Er sucht eine reine Quelle Wassers und fliegt empor zum Äther der Sonne und verbrennt seine alten Federn und verliert die Stumpfheit seiner Augen und steigt hernieder zur Quelle und taucht dreimal unter und erneut sich und, wird wieder jung.

Und du nun, o Mensch, Jünger Christi, wenn du das Gewand des alten Menschen an dir hast und die Augen deines Herzens stumpf sind, suche die verjüngende Quelle, das Wort Gottes, welches spricht: »Mich, die Quelle des lebendigen Wassers haben sie verlassen.« Und fliege empor zu der Höhe der Sonne der Gerechtigkeit Jesu Christi und ziehe den alten Menschen aus mit seinen Taten. Und tauche dreimal unter in der immer fließenden Quelle der Buße im Namen des Vaters, des Sohnes und des heiligen Geistes und ziehe den alten Menschen aus und ziehe den neuen, nach dem Bilde Gottes geschaffenen Menschen an. Und es wird auch in dir die Prophezeiung Davids erfüllt werden: »Deine Jugend wird verjüngt werden wie die des Adlers.«

II. Der Adler, der König der Vögel hat seinen Namen nach seinem sehr längen Leben (αετος); denn er lebt hundert Jahre. Wenn er aber alt wird, so krümmt sich sein Schnabel und seine Augen werden dunkel so daß er weder sehen noch Nahrung zu sich nehmen kann. Darum erhebt er sich in die Lüfte und stürzt sich auf einen abschüssigen Felsen und zerschmettert seinen Schnabel und taucht sich in kaltes Wasser und wendet sich den Strahlen der Sonne zu. Dann entschwindet aus seinen Augen die Entzündung, und er wird wieder jung.

Und du nun, vernünftiger Mensch, wenn du von der Menge der Sünden belastet bist, erhebe dich in die Höhe, d. h. zu deinem Gewissen, und stürze dich auf den Felsen, nämlich den orthodoxen Glauben, beweine die Menge deiner Sünden und werde, indem du dich in dem fließenden Wasser, d. h. in Tränen, reinigest, warm in den Strahlen der Sonne, nämlich in der Gemeinschaft der Gläubigen; und im heiligen Geiste eile zur Wärme der Buße, wirf die Entzündung, d. h. die Sünden, ab, denn sogleich wird wie der Adler deine Jugend sich wieder erneuern, und du wirst vor Gott gerecht genannt werden.

Der Geier

I. Schön sprach unser Herr und Heiland im Evangelium: »Wehe den Schwangern und den Säugern!« Der Physiologus erzählte vom Geier, daß er auf hohen und luftig gelegenen Orten sich findet und auf den hohen Felsen oder auf den Jochen der Gebirge nistet. Wenn er nun schwanger wird, fliegt er nach Indien und nimmt den Geburtsstein. Der Stein aber hat den Umfang einer Nuß. Wenn du ihn bewegen willst, so bewegt sich ein anderer Stein in seinem Innern, springend und tönend. Wenn der Geier ihn aber in der Not des Gebärens nimmt, so setzt er sich oben auf ihn herauf und gebiert ohne Mühe.

Und du nun, o Mensch, wenn du schwanger geworden bist des heiligen Geistes, nimm den kräftigen und zur Geburt förderlichen Stein, den von den Baumeistern geprüften, welcher geworden ist zum Eckstein der Geburt, auf diesen setze dich, wie der Prophet Jesaias sagt: »Aus Furcht vor dir, o Herr, in Liebe nahmen wir auf und wurden wir schwanger, und gebären wir den Geist des Heils auf der Erde.« Wahrheit ist dieser Stein des heiligen Geistes der Geburt förderlich, unser Herr Jesus Christus ohne Hände geschnitten, d. h. ohne menschlichen Samen geboren von der Jungfrau. Und wie der Geburtsstein einen andern in sich hatte, so hatte auch der Leib des Herrn im Innern die Gottheit.

II. Dieser Geier, wenn er trächtig wird und die Tage der Geburt sich nähern, setzt sich seufzend in sein Nest.

Und da er nicht gebären kann, so fliegt der männliche Geier fern fort nach Osten, und dort ist ein sehr tiefer Spalt, und er stürzt sich von der Höhe in den Spalt und nimmt den Geburtsstein und trägt ihn in sein Nest, und das Weibchen gebiert leicht. Und das Männchen trägt wiederum den Stein fort an seinen Ort.

Und du, verständiger Mensch, wenn du in eine Sünde füllst, tue Buße, damit sie dich heile von der unreinen Sünde. Fürchte nämlich den Tag der Strafe und halte ihn von dir fern, damit du nicht deine Seele verlierest. Schön sprach der Physiologus vom Geier.

III. Andere Eigenschaft: Der Geier ist ein gefräßiger Vogel vor allen Vögeln. Er fastet 40 Tage, und wiederum, wenn er beim Fraße gefunden wird, frißt er 40 Pfund und füllt so das Fasten von 40 Tagen wieder aus.

Auch du, verständiger Mensch, fastest 40 Tage, erwählend die Auferstehung des Herrn. Wolle dich nicht der Völlerei hingeben, damit du nicht das Fasten der 40 Tage verderbest.

IV. Wenn der Geier an Speise Mangel hat, so höre, auf welche Weise er sie erkennt. Er setzt sich auf die Spitze eines Felsens, ausschauend nach Fraß. Und jedesmal wenn irgendwo ein gefallenes Tier da ist, so färbt sich die Kralle des rechten Fußes, und sogleich erkennt er, daß ein gefallenes Tier vorhanden ist, und so fliegt er empor hoch in die Luft, und deswegen wird er Gyps genannt, weil er von der Erde zur Höhe emporsteigt. Und wenn er sich sehr hoch erhoben hat, so tritt es ihm vor die Augen wie der Strahl eines Sternes, ihm den Weg weisend zum Fraße. Und wenn ihn das Zeichen verläßt, so stürzt er sich von der Höhe herab auf die Erde und findet den Fraß.

Und du nun, vernünftiger Mensch, erhöhe dich nicht, damit du dich nicht in die Tiefe und auf die Speise stürzest.

Der Nachtrabe

DAVID SAGT IN DEM PSALM: »Ich war wie ein Nachtrabe in den verstörten Stadien.« Der Physiologus erzählte vom Nachtraben, daß er die Nacht vor dem Tage liebt.

So hat auch unser Herr Christus uns geliebt, die wir in Finsternis und im Schatten des Todes saßen, ich meine das Volk der Heiden vor dem Volk der Juden, welche auch die Verheißung der Väter überkommen haben. Darum sprach auch der Herr: »Fürchte dich nicht, du kleine Herde, denn unser himmlischer Vater hat Wohlgefallen daran, uns das Reich zu geben.« Aber du wirst mir sagen, daß der Nachtrabe unrein ist nach dem Gesetze; und wie gelangt er vor das Angesicht des Heilandes? Und wie spricht der Apostel: »Denn er hat den, der von keiner Sünde wußte, für uns zur Sünde gemacht.« »Er hat sich selbst erniedrigt, damit er uns alle erlöste und wir erhöhet würden.« Der Herr hat aber die Finsternis geliebt, nämlich die Heiden vor den mörderischen und gottverhaßten Juden wegen ihres Ungehorsams. »Denn ich werde das mein Volk heißen, das nicht mein Volk war, und meine Liebe, die nicht die Liebe war.«

Schön nun hat der Physiologus vom Nachtraben gesprochen.

Der Greif

DER GREIF IST DER GRÖSSTE VOGEL von allen Vögeln des Himmels. Er lebt im Orient an einer Bucht des Occanusstromes. Und wenn die Sonne aufgeht über der Wassertiefe und die Welt mit ihren Strahlen beleuchtet, breitet der Greif seine Flügel aus, nimmt die Strahlen der Sonne auf. Und ein anderer fliegt mit ihm gegen Sonnenuntergang, wie geschrieben steht: »Auf seinen Flügeln wandere, Lichtspender, gib der Welt Licht.«

In gleicher Weise stellen die beiden Greif die Gottheit vor, d. h. Michael den Erzengel und die heilige Mutter Gottes, und sie nimmt deinen Geist an, damit sie nicht allen sage: »Ich kenne euch nicht.«

Schön nun sprach der Physiologus auch vom Greif.

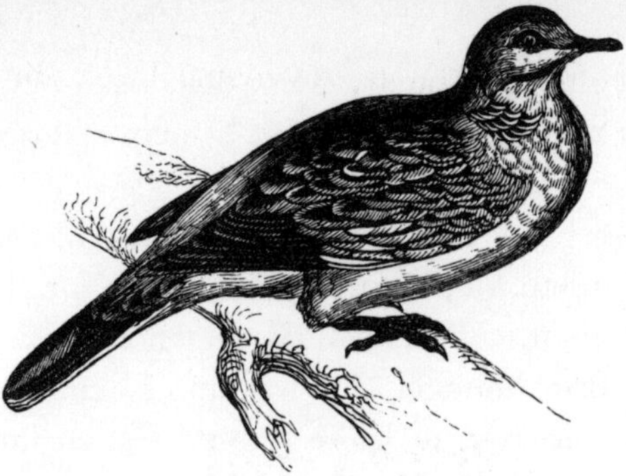

Die Turteltaube

I. Im Hohenliede bezeugt Salomo und spricht: »die Stimme der Turteltaube ließ sich in unserem Lande hören.« Der Physiologus erzählte von der Turteltaube, daß sie sich einzeln in die Wüste zurückzieht, weil sie es nicht liebt, mitten unter der Menge der Menschen zu sein.

So wachte auch der Heiland auf dem Ölberge, der mit sich nahm den Petrus, Jakobus und Johannes und auf den Berg stieg; und es wurde von ihnen gesehen Moses und Elias, und es wurde die himmlische Stimme aus der Wolke gehört: »Dies ist mein Sohn, an welchem ich Wohlgefallen habe.« Die Turteltauben sollen sich der Zurückgezogenheit freuen, auch die edlen Anhänger Christi sollen sich derselben freuen.

II. Von der Turteltaube und der Taube: »Wie eine Turteltaube werde ich girren, und wie eine Taube werde ich mich üben.« Der Physiologus erzählte von der Turteltaube, daß sie sehr geschwätzig ist. Wenn sie verwitwet ist, stirbt sie aus Sehnsucht nach dem Verstorbenen und vermählt sich mit keinem andern wieder.

Die Vögel soll man Christo vergleichen; denn er selbst ist unsere kluge und geschwätzige Turteltaube, der in Wahrheit schönredende Vogel der mit den evangelischen Ermahnungen das, was unter dem Himmel ist, bezauberte. Wie auch die Braut selbst zu ihm gesprochen hat, d. h. die Kirche, gebildet aus den Heiden: »Zeige mir dein Angesicht und laß mich deine Stimme hören, denn deine Stimme ist süß und dein Angesicht schön.« Er selbst ist in Wahrheit die zarte und nichts Übles tuende und keine Ränke schmiedende Taube; denn es wurde in seinem Munde kein Falsch gefunden nach der Schrift.

Schön sprach der Physiologus von der Turteltaube.

Die Taube

I. DER HEILIGE JOHANNES SAGTE: »Ich sah den Himmel offen und den heiligen Geist herabsteigen wie eine Taube.« Es gibt viele Arten von Tauben und von mannigfaltiger Farbe. Wenn aber der Besitzer alle Tauben versammelt, so bringt er keine hinein noch bewegt er eine von den andern Tauben, in den Taubenschlag hineinzugehen, wenn nicht die feuerfarbene zuerst hineingelassen wird.

II. Der Habicht und die Taube. Der Physiologus erzählte, daß wenn alte Tauben in einer Schar fliegen, der Habicht nicht wagt, sich ihnen zu nähern, wegen des lauten Geräusches der Flügel. wenn er aber eine abgeirrte findet, so raubt und verzehrt er sie leicht.

Dieses ist an der Schar der Jungfrauen zu sehen. Wenn sie scharenweise in der Kirche sich versammeln, indem sie einen wohltönenden Lobgesang emporsenden durch Gebete und Fasten einstimmig zu Gott, so wagt der Teufel nicht, sich ihnen zu nahen, fürchtend ihr eifriges Gebet und ihre Übereinstimmung. Wenn er aber eine abgeirrt findet, so raubt und verschlingt er sie leicht. So möge nun keine Jungfrau und überhaupt kein Christ die Kirche Christi verlassen, damit er nicht eine Beute des Bösen werde.

Als nun der Vater vor der Anwesenheit des Sohnes, nach Art einer Taube, alle zum Leben zu rufen, den Moses meine ich, den Elias, den Samuel den Jesaias, den Jeremias, den Hesekiel den Daniel und die übrigen Propheten sandte, so vermochte keiner, die Menschen in das Leben hinzuführen. Als aber Christus vom Himmel herab vom Vater gesandt wurde, führte er alle in das Leben ein, indem er sprach: »Kommet her zu mir alle, die ihr mühselig und beladen seid, und ich will euch erquicken.« Denn er selbst ist die feuerfarbene Taube, wie im Hohenliede geschrieben ist: »Mein Freund ist rot«, sagte die Braut, welche die Kirche Christi ist.

Schön nun sprach der Physiologus von der Taube.

III. Die Taube ist ausgezeichnet vor den übrigen Vögeln; erfahre noch dieses von den Tauben, daß die weißen Tauben und die bunten und schwarzen und feuerfarbenen wandern und ihre Jungen ausbrüten. Und sie vermögen nicht, sich von einander zu trennen, solange die feuerfarbene Taube voranfliegt und ihnen das Futter zeigt, nach dem sie fliegen.

So redeten denn auch vor der Ankunft des Heilands die Propheten Moses und Aaron, Samuel und David, Micha und Jesaias, Jeremias und die übrigen alle über Jesus, und sie vermochten nicht das Wort sicher zu machen, bis die feuerfarbene Taube dazu kam, welche Johannes der Täufer ist. Dieser machte das Wort sicher, ihn allen zeigend und sprechend. »Siehe das Lamm Gottes, welches der Welt Sünde trägt und unsere Krankheiten geheilt hat.« Der Habicht vermag sie, vereinigt in ihrem Fluge, wegen ihrer Einhelligkeit nicht zu rauben. Und du nun, vernünftiger Mensch, entferne dich nicht von der Kirche, damit nicht der Feind dich waffenlos und allein finde und dich töte.

Schön sprach der Physiologus von den Tauben.

Die Krähe

Schön sprach Jeremias zu Jerusalem: »Du saßest wie eine verwaiste Krähe.« Der Physiologus erzählte von ihr, daß sie in Monogamie lebt; denn wenn das Männchen derselben gestorben ist, so verbindet sie sich nicht mit einem andern Männchen, noch das Männchen mit einem andern Weibchen.

So auch die Synagoge der Juden, das irdische Jerusalem. Nachdem sie den Herrn getötet, ist Christus nicht mehr ihr Mann. Denn es heißt: »Wir haben euch vertraut einem Manne eine reine Jungfrau.« Aber jene trieben Ehebruch mit dem Holze und mit dem Steine. Wenn nun auch wir den Mann im Herzen haben, so steigt nicht der Ehebrecher, der Teufel hinein. Wenn aber das männliche Wort aus der Seele fortgegangen ist, so tritt der Widersacher hinein; »denn der Hüter Israels schläft, noch schlummert nicht«, denn niemals möchten die Räuber eindringen in sein starkes Haus.

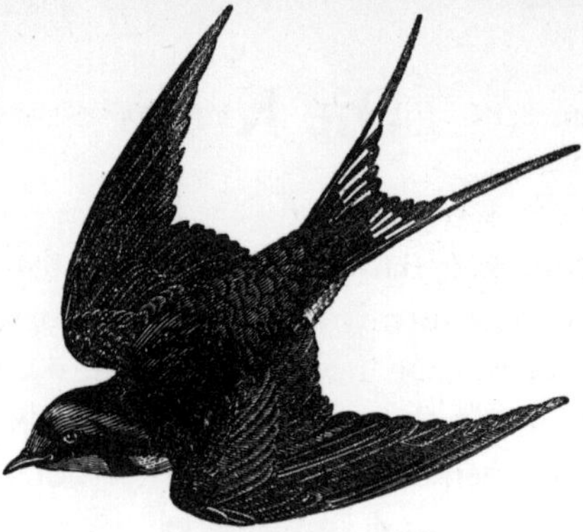

Die Schwalbe

I. Die Schwalbe erscheint im Sommer, wenn der Winter vergangen ist. In der Morgenfrühe zwitschert sie und weckt die Schläfer und ruft zur Arbeit.

Und die vollendeten Asketen, wenn der Winter des Leibes vorbei ist und jede fleischliche Begierde erloschen ist, dann heilig von ihrem Lager erwachend, erinnern sich in der Morgenfrühe, zu üben die Worte Gottes, und es wird in ihnen jenes Schriftwort erfüllt: »Wache auf der du schläfst, und stehe auf von den Toten, so wird dich Christus erleuchten.« Und wiederum: »In der Frühe will ich zu dir treten, und du wirst auf mich merken.«

Schön sprach der Physiologus von der Schwalbe.

II. Sie gebiert nur einmal und gebiert nicht mehr.

Mein Heiland wurde nur einmal getragen, nur einmal geboren, nur einmal begraben, nur einmal stand er von den Toten auf »Ein Gott, ein Glaube, eine Taufe, ein Vater aller.«

Schön nun sprach der Physiologus von der Schwalbe.

III. Die Schwalbe ist ein harmloser Vogel. Die Schwalben wandern die halbe Zeit in die Wüste, und die halbe Zeit suchen sie in der Stadt ihre Nahrung. Und wenn sie ihre Jungen erzeugen, ist oft eines von ihnen blind, und es fliegt das Weibchen in die Wüste und bringt eine Pflanze herbei und legt sie auf des Geblendeten Augen, und sogleich wird es sehend.

Und du nun, vernünftiger Mensch, wandle so, daß du sowohl in dem jetzigen als auch in dem zukünftigen Leben Früchte gewinnest, und wenn du in Sünden geblendet wirst, auch deine Einsicht stumpf wird, gehe in die Wüste, d. h. in eine Stadt von Umfang. Nimm die Pflanze, d. h. die Buße, und lege sie auf die durch die Gottlosigkeit geblendete Einsicht, wegen der gleichstofflichen Trinität, und die Blindheit der Sünde wird gehellt.

Schön sprach der Physiologus von der Schwalbe.

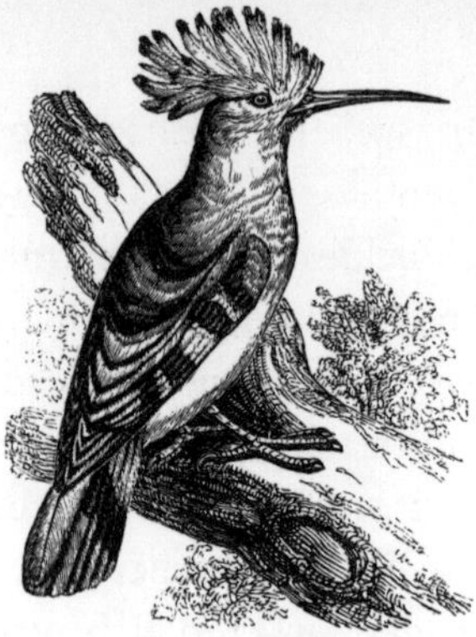

Der Wiedehopf

I. ES STEHT GESCHRIEBEN: »Wer Vater und Mutter fluchet, soll des Todes sterben.« Und wie sind einige Vater- und Muttermörder? Es gibt einen Vogel Wiedehopf genannt. Wenn dessen Kinder sehen, daß ihre Eltern alt geworden sind, so rupfen sie ihnen die alten Federn aus und lecken ihre Augen und erwärmen die Eltern unter ihren Flügeln und verjüngen sie, und sie werden jung. Sie sprechen nun zu ihren Eltern: »Wie ihr euch gemüht habt, uns zu pflegen und uns zu ernähren, so tun auch wir euch in gleicher Weise.« Und wie lieben nun die Unverständigen der Menschen ihre Eltern nicht?

II. Es ist der Wiedehopf ein Vater und Mutter liebender Vogel vor allen Vögeln. Erkenne aber, vernünftiger Mensch, wenn er auch ein kleiner Vogel ist, welche Weisheit ihm Gott gegeben hat, und wie er seine Eltern pflegt. Es fliegen nämlich beide Eltern und brüten ihre Jungen aus in Baumlöchern und machen sich von diesen auf und bringen die Nahrung und ernähren ihre Jungen. Und wenn sie diese großgezogen haben, verlieren die Eltern ihre Federn und werden wie Junge und können nicht fliegen und ihnen Nahrung bringen und sie ernähren. Wie werden sie nun leben? Es gehen aber die Jungen und fassen einen schönen Beschluß: Weil unsere Eltern uns in Trübsal und Kümmernis auferzogen und uns zu Erwachsenen gemacht haben, so wollen auch wir gehen und ihnen Nahrung bringen und unsere Eltern ernähren, bis ihnen die Federn wieder gewachsen sind und sie wieder mir uns fliegen können.

Und du, vernünftiger Mensch, bedenke, daß du von Vater und Mutter geboren bist und sie dich in Trübsal und Schmerz und unter Seufzern ernährt und dich zum Erwachsenen gemacht haben. Gehe nun auch du, ihnen denselben Lohn abzustatten, und gewähre den Gegendienst deinen Eltern bis zum Ende ihres Lebens, damit dir das Gebet des Vaters und der Mutter zur Seite stehe, welches dich schützen wird vor jeder Schlechtigkeit.

Schön sprach der Physiologus vom Wiedehopf.

Das Rebhuhn

DER PROPHET JEREMIAS SAGT: »Das Rebhuhn versammelt, was es nicht geboren hat, sich Reichtum verschaffend nicht mit Überlegung. In der Mitte seiner Lebenstage werden sie dasselbe verlassen, und in den letzten Tagen seines Lebens wird es wahnsinnig sein.« Der Physiologus erzählte vom Rebhuhn, daß es fremde Eier ausbrütet und Junge bekommt. Und wenn sie herangewachsen sind, fliegt jegliche Art davon und kehrt zu den eigenen Genossen zurück, und sie lassen es allein. So raubt auch der Teufel die in ihrem Geiste noch Unmündigen. Wenn sie aber zum Maße ihres Alters gekommen sind, beginnen sie ihre himmlischen Eltern zu erkennen, nämlich unsern Herrn Jesus Christus und die Kirche und die Apostel und die Propheten, und wenden sich zu ihnen.

Schön nun sprach der Physiologus vom Rebhuhn.

Der Pfau

DER PFAU IST EIN BUNTER VOGEL vor allen Vögeln. Er ist von schöner Farbe und herrlichen Flügeln. Wenn er herumgeht, schaut er sich an und freut sich über sich selbst; er schüttelt sich und schlägt ein Rad und schaut stolz um sich. Wenn er aber auf seine Füße blickt, so schreit er wild; denn seine Füße gleichen nicht seiner schönen Gestalt.

Und du nun, vernünftiger Mensch, wenn du deine Pracht und deine Güter siehst, ergötze dich und freue dich und prunke in deiner Seele; wenn du aber auf deine Füße blickst, d. h. auf deine Fehler, so schreie und weine zu Gott und hasse die Sünde, wie der Pfau die Füße, damit du gerecht vor deinem Bräutigam erscheinest.

Schön sprach der Physiologus vom Pfau.

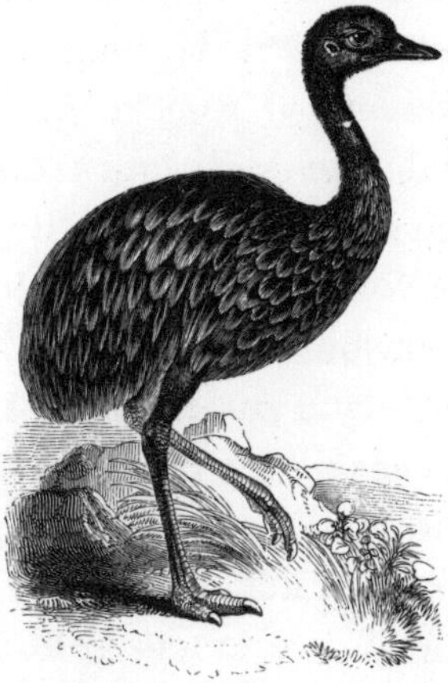

Die Asida oder der Strauss

I. DER PROPHET JEREMIAS SAGT: »Die Turteltaube und die Schwalbe kennen die Zeit ihrer Wiederkehr, und die Asida weiß am Himmel ihre Zeit.« Die Asida ist ein Vogel jedoch nicht ein zum Fliegen geschaffener, der bei uns Strauß genannt wird. Er hat zwar Flügel, fliegt jedoch nicht. Dieser Vogel betrachtet den Himmel. Wenn er aber Eier legen will, so legt er sie nicht auf die

Erde, bevor das Plejadengestirn aufgeht, sondern wenn die Plejaden aufgegangen sind und die Ähren in Blüte stehen und die Hitze da ist. Weswegen er nun dann gerade seine Eier legt, davon höre die Ursache: Dieses Tier ist träge. Es gräbt nun ein Loch in die Erde und legt die Eier hinein und bedeckt sie mit Sand. Und da es träge ist, so kümmert es sich nicht mehr um die Eier. Es legt dieselben in der Sommerzeit, damit, was es selbst tun sollte, nämlich sie ausbrüten, dieses das warme Wetter ausführe und die jungen Vögel aus den Eiern hervorkommen.

Wenn nun die Asida und die Turteltaube ihre Zeit kennen, um so mehr müssen wir unsern Herrn kennen und seinen Vorschriften folgen und ihm dienen.

II. Es wird vom Strauße erzählt, daß er, wenn er seine Eier brütet, seine Augen nicht anderswohin wendet, denn wenn er anderswohin blickt, so nützt er den Eiern nicht mehr, sondern sie bleiben unfruchtbar. Es wird auch von ihm erzählt, daß er sogar glühendes Eisen und Nägel verschlingt und feurige Kohlen, und alles dieses dem Magen zuwendet, denn seine Natur ist sehr kalt.

III. Der Physiologus erzählte vom Strauße, daß dieser Vogel an Stärke groß, in Indien hause und von einigen Tzefarfilo oder Elefantenvogel genannt wird, deshalb, weil er die Jungen der Elefanten, wenn sie noch klein sind, hinter ihren Müttern raubt und, nachdem er dieselben auf seinen Rücken gesetzt hat, durch die Luft entfliegt und in der Wüste, wo sein Aufenthaltsort ist, verzehrt. Denn es steht über ihn geschrieben sowohl in den heiligen Schriften als in der profanen Geschichte, daß er auch ein Pferd mit seinem Reiter rauben könne. Der Physiologus erzählt überdies, daß die Inder, wenn sie ihn einmal jagen wollen, Rinder mit harten und unzerreißbaren Schlingen an einen Wagen binden, auf den sie große Steine legen. Wenn er nun kommt, ein Rind zu rauben, schlägt er in die Haut desselben seine Klauen, welche er nicht herausziehen kann, und so wird er gejagt und getötet.

Denn Gott hat ihn dumm und vernunftlos geschaffen und ihm mit der Stärke nicht zugleich Verstand verliehen (Buch Job, 39, 17), so zwar, daß er auch offen auf der Erde und mitten auf der Straße seine Eier zurückläßt, welche von den Wanderern zertreten und zerbrochen werden, damit sie sich nicht vermehren und den Menschen Schaden bringen. So ist dieser Vogel ganz und gar beschaffen, welcher der Chenfoi Schabahin ist.

Der Phönix

I. Unser Herr Jesus Christus spricht in dem heiligen Evangelium: »Ich habe die Macht, meine Seele zu lassen, und ich habe die Macht, sie wieder zu nehmen.« Und die Juden wurden über die Rede unwillig. Es gibt nun einen Vogel in Indien, Phönix genannt. Nach 500 Jahren kommt er zu den Bäumen des Libanon und füllt seine Flügel mit Wohlgerüchen und zeigt es dem Priester von Heliopolis an in dem neuen Monat Nisan oder Adar, d. h. dem Phamenoti oder Pharmuti. Und der bezeichnete Priester kommt herbei und füllt den Altar mit Weinstöcken an. Der Vogel aber kommt nach Heliopolis, angefüllt mit Wohlgerüchen, und steigt auf den Altar und zündet ein Feuer an und verbrennt sich. Und am folgenden Morgen durchforscht der Priester den Altar und findet einen Wurm in der Asche. Und am zweiten Tage bekommt er Federn und wird als ein junger Vogel befunden. Und am dritten Tage findet man ihn geworden wie früher, und er grüßt den Priester und fliegt davon und kehrt zurück zu seinem alten Wohnplatz.

Wenn nun dieser Vogel die Macht hat, sich zu töten und sich wieder zu beleben, wie murren die unverständigen Menschen über unsern Herrn Jesus Christus, wenn er sagt: »Ich habe die Macht, meine Seele zu lassen, und ich habe die Macht, sie wieder zu nehmen.« Denn der Phönix nimmt das Abbild unseres Heilands an, und vom Himmel herabkommend, brachte er die beiden Flügel voll Wohlgeruch mit sich, d. h. voll vortrefflicher himmlischer Worte, damit wir zu den heiligen Bitten die Hände ausstrecken und unsere gute Bürgerschaft mit dem Wohlgeruch seiner Gnade erfüllen.

Schön nun hat der Physiologus vom Phönix geredet.

II. (Nach Ponce de Leon.) Der Phönix ist ein Vogel schöner als der Pfau. Denn der Pfau hat goldene und silberne Flügel, der Phönix aber solche von Hyazinthen und Smaragden und geschmückt mit den Farben kostbarer Edelsteine. Auf dem Kopfe hat er eine Krone und an den Füßen Sporen. Er wohnt in de Nähe von Indien, lebt 500 Jahre und nährt sich auf den Zedern des Libanon ohne Speise und Trank vom Winde. Aber nach 500 Jahren füllt er seine Flügel mit Wohlgerüchen, und wenn der Priester zu Heliopolis das Opfer beginnt, steigt er aus seinem Neste und fliegt zum Priester.

III. (Andere abweichende Fassung in Lands syrischer Übersetzung.) Ähnlich erzählte der Physiologus auch vom Phönix, auf folgende Weise von ihm sprechend jener Phönix ist der einzige und lebt für sich allein und ist durch keine Vermählung gebunden. Er reist aber und wird im Lande Ägypten einmal erblickt in 500 Jahren, und zwar wird er erblickt über dem Altar in der Sonnenstadt, und wenn er erblickt wird, schaut er selbst nach Osten. Und wenn er ankommt, bringt er unter beiden Flügeln die wohlriechende Wurzel Cinamum mit und sammelt Holz und häuft es auf jenem Altar auf und legt sich selbst mit dem Rücken auf jenes Holz und wird durch dieses Feuer verbrannt und in Asche verwandelt. Und aus der Asche entsteht ein Wurm, der heranwächst und ein junger Vogel wird und Flügel bekommt, und am dritten Tage nimmt er seine Gestalt an und wird zum Phönix, wie er vorher war, völlig und ganz. Darauf aber macht er sich auf den Weg und fliegt nach Indien, wo er vorher lebte.

Welches Geheimnis aber und welches Abbild und Vorbild schildert dieser Vogel der so von Gott, dem Schöpfer, gebildet ist zur Unterweisung von uns Menschen? Doch wohl jenes, daß Gott, der Schöpfer, das

Abbild und Geheimnis, welches in Christo erfüllt ist, vorher beschlossen hat und uns über das Geschöpf und über das belehrt hat, was er tatsächlich vollenden wollte. Natürlich des Helles wegen kam jener am Ende der Zeiten vom Himmel wie der Phönix nach einem langen Zeitraum von Jahren, und nahm selbst den beseelten und vernünftigen Körper aus unserem Fleische an, und durch unsere Natur brachte er uns die Wurzel des Lebens und der Heilung unter seinen Flügeln, weil auch Jesaias gepredigt hat: »Wie der Phönix das Cinamum.« Und er stärkte uns durch dessen süßen Wohlgeruch, durch den auch wir wohlriechend geworden sind, wie auch Paulus gepredigt hat: »Wir sind süßer Wohlgeruch in Christo.« Und er hat freiwillig aufgerichtet sein Kreuz auf Golgatha in der Stadt Jerusalem, wie der Phönix Holz zurüstet und auf den Altar der Sonnenstadt Ägyptens legt. Und Christus erlitt den Tod, indem er seine Seele vom Körper trennte, wie seine Worte bezeugen, welche er sprach: »Vater, ich befehle meinen Geist in deine Hände«, und »mir ist die Macht zurückzugeben und die Macht zurückzunehmen«, wie auch der Phönix sich rücklings niederlegt und sich selbst verbrennt und sich den Tod zufügt. Und wie am dritten Tage der eben entstandene Wurm die Gestalt des Phönix annimmt und sich wieder belebt und aus der Asche entsteht, durch dasselbe Geheimnis ließ auch das Wort »Gott« seinen Körper auferstehen am dritten Tage, weil er das Verderben nicht sah und die Verwesung im Grabe. Und wie der Wurm des Phönix am dritten Tage seine vollkommene Gestalt annimmt, so ist nach demselben auch der Körper Christi, welcher mit dem Wurm verglichen wird, als er am dritten Tage aus dem Grabe auferstand, gebildet worden, in Unsterblichkeit und Unverweslichkeit in Ewigkeit. Und Gott wurde ernannt und der Sohn Gottes an der Macht und dem heiligen Geiste in der Auferstehung von den Toten, wie das göttliche und apostolische Wort ist. Und wie später nach Indien und zu seinem alten Wohnplatz der Phönix zurückkehrt, ebenso trug auch Christus der Gott nach der heiligen von den Toten stattgehabten Auferstehung nach der Gegend und dem alten Orte seinen Körper hinaus.

Der Regenpfeifer oder Charadrius

Es gibt einen Vogel mit Namen Regenpfeifer, wie im Deuteronomion geschrieben steht. Der Physiologus erzählte von ihm, daß er ganz weiß ist und keine Schwärze hat und sein Mist die stumpfgewordenen Augen heile. Er wird in den Palästen der Könige gefunden. Und wenn einer erkrankt, so erkennt man an ihm, ob der Kranke stirbt oder gesund wird. Man trägt ihn vor den Kranken auf dem Bette, und wenn die Krankheit des Menschen zum Tode geht, so wendet der Regenpfeifer sein Gesicht von dem Kranken ab, und alle erkennen, daß er sterben wird. Wenn aber die Krankheit des Menschen zum Leben geht, so schaut der Regenpfeifer den Kranken scharf an und der Kranke den Regenpfeifer, und der Regenpfeifer saugt die Krankheit des Menschen in sich auf und fliegt empor in die Regionen der Sonne und besprengt seine Flügel und verbrennt die Krankheit, und er selbst bleibt erhalten und der Kranke mit ihm.

Schön nun ist dieses anzunehmen und anzuwenden auf das Angesicht unseres Heilandes Jesu Christi. Denn unser Herr ist ganz weiß und hat keine Schwärze an sich, wie er auch sprach: »Es kommt der Fürst dieser Welt und hat nichts an mir.« Denn er hat keine Sünde getan. Als er nun zu den Juden gekommen war, die ihn nicht anschauen wollten wegen ihrer Schlechtigkeit, wandte er seine Gottheit ab; er kam aber zu uns, den Schwachen, die zu ihm eilten, und nahm unsere Sünden auf sich und trug unsere Krankheit und wurde am Kreuze erhöht. Denn er stieg, sprach der Prophet, empor zu der Höhe und nahm das Gefängnis gefangen. Und er hat uns gesund gemacht, die wir an der Krankheit des Götzendienstes erkrankt waren.

Schön also hat der Physiologus von dem Regenpfeifer gesprochen.

Wenn nun jemand nach dem Gesetze unrein ist, möchte man fragen: Wie gelangt er zum Angesichte des Herrn? Er soll wissen, daß dieser die sündige und unreine Natur auf sich genommen hat. Aber auch die Schlange ist unrein, und von ihr bezeugt Johannes, indem er sagt, »daß wie Moses die Schlange in der Wüste erhöht hat, so des Menschen Sohn erhöht werden müsse.« Zwiefach, lobenswert und tadelnswert, ist die Kreatur.

Schön und passend hat der Physiologus vom Regenpfeifer gesprochen.

Der Ibis

Der Ibis ist nach dem Gesetze unrein. Er versteht nicht unterzutauchen, sondern liebt die Mündungen der Flüsse und Seen, und dort nimmt er seine Nahrung. Er kann nicht in die Tiefe tauchen, in welcher die reinen Fische schwimmen, sondern lebt nur da, wo sich die unreinen Fischlein aufhalten.

Lerne nun auch du kräftig untertauchen, o Mensch, damit du zu der rechten Tiefe gelangest des Reichtums, der Weisheit und Erkenntnis Gottes. Wenn du nicht auch die Hände ausstrecken und das Zeichen des Kreuzes machen wirst, so wirst du nicht sogleich das Meer des Lebens durchschiffen. Denn das Urbild des Kreuzes ist kräftig über alle Geschöpfe. Die Sonne, wenn sie nicht die Strahlen aussendet, leuchtet nicht; der Mond, wenn er nicht seine beiden Hörner ausstreckt, leuchtet nicht; der Vogel wenn er nicht seine beiden Flügel ausbreitet, fliegt nicht. Moses, als er seine Hände ausgestreckt, bezwang Amalek, Daniel die Löwen, Jonas war in dem Bauche des Seeungeheuers, Thekla wurde den wilden Tieren und Robben vorgeworfen, und das Urbild des Kreuzes rettete sie; Susanna wurde vor den Greisen, Judith vor Holofernes und Esther vor Artaxerxes und die drei Männer im feurigen Ofen durch den Glauben gerettet.

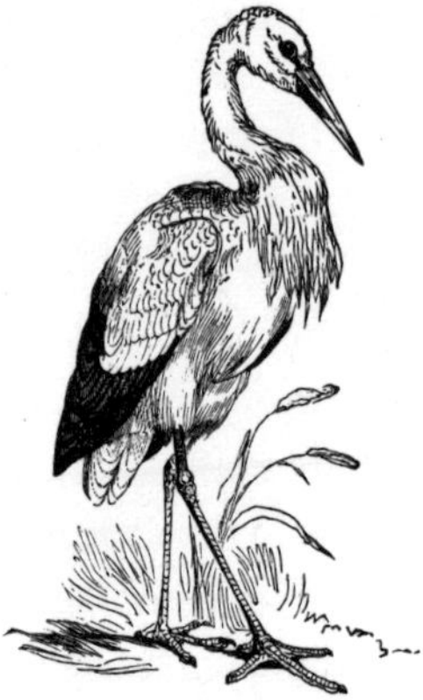

Der Storch

I. DER STORCH ist ein seine Kinder und sein Nest liebender Vogel. Bis zur Mitte und oben ist er weiß von der Mitte aber und unten dunkelfarbig. Denn dieser Storch entfernt sich nicht von seinem Neste, und bald ist das Männchen, bald das Weibchen anwesend.

So auch unser Herr Jesus Christus, als er das Himmlische allen zeigte als Gott und das Untere den Menschen als Mensch, weder das Himmlische übersehend, noch das Irdische außer acht lassend.

II. Erkenne aber, daß die Störche zu zweien wandern und ihre Jungen ausbrüten. Und sogleich setzt sich das

Weibchen und bewacht sie. Das Männchen aber bringt Nahrung, und sie wechseln miteinander ab und lassen ihr Nest nicht unbewacht.

Und du nun, vernünftiger Mensch, weder früh noch spät gehe dir der Tag vorüber, daß du dich von deinem Gebete trennest und du nicht vom Teufel beherrscht würdest.

III. Endlich wird vom Storch und seinen Jungen erzählt: Alle fliegen zu einer Stunde und in einem Schwarme und wandern nach einem anderen Orte, und wiederum kehren sie zu ihrer Zeit zurück und richten ihre Nester auf und brüten ihre Jungen aus.

Auf diese Weise wurde der Herr von uns genommen, und wiederum wird er zurückkehren zu seiner Zeit, aufrichtend die Zerknirschten, wie der Prophet sagt: »So machen die Sperlinge ihre Nester, wo ihre Wohnstätte ihnen angewiesen wird«

Schön sprach der Physiologus von dem Storch.

IV. Der Storch ist ein sehr keuscher Vogel; das Männchen fordert weder das Weibchen durch Lockung zur Begattung auf noch tut es ihm Gewalt an. Außerdem ist der Vogel von wunderbarer Elternliebe und pflegt beide Eltern im Alter.

So müssen auch wir jene beiden göttlichen Gebote erfüllen, d. h. vom Bösen uns abwenden und Gutes tun, wie der königliche Prophet schreibt. So befiehlt auch der Herr ähnlich im Dekalog: »Ehre deinen Vater und deine Mutter« und wiederum: »Du sollst nicht ehebrechen.«

Der Reiher

I. ES SAGT DER GÖTTLICHE PROPHET DAVID: »Die Wohnstätte des Reihers ist sein Führer.« Es ist nun dieser Vogel sehr verständig vor allen Vögeln. Da er eine einzige Wohnstätte und einen einzigen Wohnplatz hat, so sucht er nicht viele Lagerplätze, sondern wo er sich einmal niedergelassen hat, dort ernährt er sich und schläft er. Er berührt weder einen Leichnam, noch fliegt er zu vielen Örtern hin; seine Nahrung und seine Wohnstätte befinden sich an einem Orte.

Und du nun, o Mensch, suche nicht die vielen Örter der Häretiker auf; eine Lagerstätte soll dir sein, die heilige orthodoxe Kirche Gottes, und eine Nahrung, das vom Himmel herabgestiegene Brot, der Herr Jesus Christus. Berühre aber nicht tote Speisen, häretische und ketzerische Lehren.

Schön nun sprach der Physiologus vom Reiher.

II. Dieser Vogel lebt mit solcher Besonnenheit, daß er, wenn er zur Ehegemeinschaft schreiten will, vierzig Tage lang trauert. Dann, wenn er diese vierzig Tage getrauert hat, schreitet er zur Ehegemeinschaft mit dem Weibchen. Wenn nun der Vogel die Sünde begangen hat, so trauert er andere vierzig Tage wegen der Sünde, die er begangen hat.

Sein Nest befestigt dieser Vogel auf hohen Bäumen, wo er von keinem Gegenstande beschattet wird, sondern die reine Luft hat. Unterhalb seines Nestes aber bauen noch andere Vögel ihre Nester, damit sie von ihm beschützt werden, wie der Prophet David sagt: »Die Wohnung des Reihers behütet sie.«

Und du, vernünftiger Mensch, ahme diesem Vogel nach und wandle in Besonnenheit und mit Vorsicht, die Gebote des Herrn beobachtend, und fliehe weit von der Sünde; denn es sagt der göttliche Apostel: »Fliehet die Unzucht, weil jede Sünde, wenn sie der Mensch begangen hat, außerhalb des Leibes ist.« Der Unzuchttreibende aber sündigt gegen den eigenen Leib. Wenn du aber mit Beihilfe des bösen Feindes sündigst, so bereue und beweine wie der Vogel deine Sünde, weil die Umkehr und das Weinen ein anderes Bad wird und unsere Sünden von unseren Seelen abwäscht. Und erinnere dich jenes heiligen Propheten David, welcher den Ehebruch und den Mord beging und durch die Tränen der Umkehr die Verzeihung empfing. Große Sündenvergebung gewährt die Träne. Den Hiskia führte sie herauf aus den Toren des Todes und den Sünder aus den zeitlichen Fehltritten. Und wenn du bereust und dich umkehrst und weinst, o Mensch, über deine Sünde, so möchtest du sogleich von Gott die Verzeihung empfangen. Und gründe dein Nest wie dieser Vogel auf hohen Bäumen, d. h. wende dich ab von dem Bösen und tue Gutes, damit dir ein Nest werde an einem hohen Orte, natürlich nur in der Königsburg unseres Herrn, des Gottes und Heilandes Jesu Christi, dessen Herrlichkeit und Macht von Ewigkeit zu Ewigkeit ist. Amen.

Schön sprach der Physiologus auch vom Reiher.

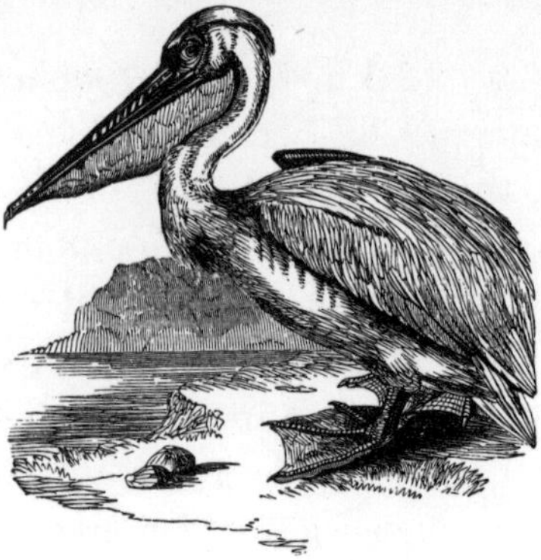

Der Pelikan

I. Der heilige Prophet David singt: »Ich gleiche einem Pelikan in der Wüste.« Der Physiologus erzählte vom Pelikan, daß er seine Kinder sehr liebt. Wenn er seine Jungen gebiert, schlagen sie, sobald sie ein wenig herangewachsen sind, ihren Eltern ins Gesicht. Die Eltern aber schlagen sie wieder und töten sie. Später jedoch erbarmen sich derselben die Eltern, und nachdem sie drei Tage lang die Kinder, welche sie getötet, betrauert haben, so kommt nach dem dritten Tage die Mutter und öffnet ihre Seite und träufelt ihr Blut auf die toten Leiber der Jungen und erweckt sie.

So spricht unser Herr auch bei dem Propheten Jesaias: »Ich habe Söhne erzeugt und erhöhet, sie aber sind von mir abgefallen.« Der Schöpfer hat uns erzeugt und wir haben ihn geschlagen, wir haben dem Geschöpfe gedient gegen den Schöpfer. Er kam nun zu der Höhe des Kreuzes, öffnete seine Seite und träufelte Blut und Wasser zur Erlösung und zum ewigen Leben, das Blut darum, weil er sprach: »Er nahm den Kelch und dankte«, das Wasser aber wegen der Taufe der Buße.

II. Dieser Pelikan ist ein Vogel; die Schlange aber ist seinen Jungen sehr feindlich gesinnt. Der Pelikan aber, was ersinnt er? Er befestigt sein Nest an einer sehr hohen Stelle, indem er es auf allen Seiten wegen der Schlange mit einem Gehege umgibt. Aber die Übles sinnende Schlange, was tut sie? Sie schaut sich um, wo der Wind weht, und von dort ihr Gift auf die Jungen blasend, tötet sie seine Kinder. Es kommt nun der Pelikan und sieht, daß seine Kinder gestorben sind, und er bemerkt eine Wolke und fliegt in die Höhe, und mit seinen Flügeln schlägt er seine Seiten, und es strömt Blut heraus, und durch die Wolke läßt er sein Blut auf sie herabträufeln, und es werden ihm seine Kinder wieder auferweckt.

Der Pelikan wird für den Herrn genommen, seine Kinder aber sind Adam und Eva und unsere Natur; sein Nest ist das Paradies, denn es blies der Erzbösewicht, die Schlange, wegen des Ungehorsams auf die Erstgeschaffenen, und sie wurden tot durch die Sünde. Unser Herr und Gott wurde nun wegen seiner Liebe zu uns an dem kostbaren Kreuze erhöht und in die Seite gestochen; durch die Wolke des heiligen Geistes schenkte er uns das ewige Leben.

Der Gerahav

ES GIBT EINEN VOGEL GENANNT GERAHAV, welcher das Meer bewohnt. Er legt nur mit großen Schmerzen Eier, und er strengt sich an, daß seine Eier so groß wie möglich seien. Er verbirgt sie in der Tiefe des Ozeans und verläßt sie höchstens nur ein- oder zweimal, so sehr fürchtet er seine Feinde. Dann, sich erhebend auf die Wasserfläche und die Augen geheftet auf die Tiefen des Meeres, brütet er seine Eier aus, bis die Jungen aus dem Ei kriechen. Darauf taucht er hinab in die Tiefe und führt seine Jungen an das Ufer, wo er sie ernährt.

So senkt Gott seine Blicke auf die Kinder der Erde, und aus der Höhe des Himmels brütet er sie mit seinen Augen aus, bis wir hervorkommen aus diesem Abgrunde des Unglücks und zu dem neuen Jerusalem gelangen, welches die Mutter aller Kinder ist, und nährt sie mit himmlischer Nahrung. Wie der Gerahav sich kaum erhebt aus der Tiefe des Meeres, um seine Jungen auszubrüten und sie ans Tageslicht zu bringen, ebenso zieht uns Jesus Christus mir großer Mühe zurück von dem Abgrunde der Sünde, um uns den Händen des Teufels und seiner höllischen Begleiter zu entziehen.

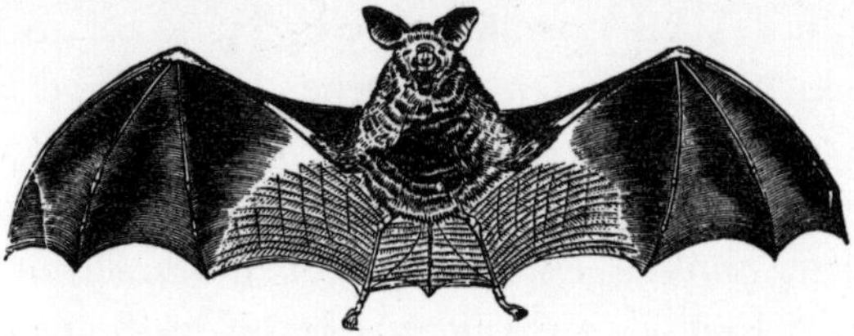

Die Fledermaus

FERNER ERZÄHLTE DER PHYSIOLOGUS: »Es gibt einen Vogel, welcher Nachtfledermaus heißt. Und diese ist ein vierfüßiges Tier ihrer Natur nach und besitzt von allen Vögeln allein Zähne und gebiert wie der Vierfüßler ihrer Beschaffenheit nach und ernährt die Jungen durch Euter. Sie fliegt aber durch die Luft nahe der Erde umher, nicht jedoch mit ausgebreiteten Flügeln und schnell, sondern mit solchen, welche den Segeln und Häuten ähnlich sind Und sie liebt sehr die Geselligkeit, da sie beim Fliegen immer beisammen sind.

Wen, o Gottesfürchtige, stellt diese im geistigen Sinne anders vor als den Teufel der eine Nachtfledermaus ist, d. h. ein Liebhaber der Finsternis. Diese Fledermaus ist von allen Vögeln des Himmels den Vierfüßlern ähnlich, nämlich durch den Gebrauch der Zähne, wie der Teufel, welcher durch seine schändliche Sünde fremd geworden ist den himmlischen Sitten und der himmlischen Lebensweise. Mit den stumpfsinnigen Tieren kriecht er auf der Erde, der Fledermaus gleich, welche in der Nähe der Erde umherfliegt mit ihren den

Segeln und Häuten ähnlichen Flügeln. So tut auch er mit seinen toderfüllten und lebensleeren Übeltaten, denn das ist es, was wir mir den Segeln und Häuten bezeichnen. Und er erhebt sich nicht in die Höhe mit schnellen und ausgebreiteten Flügeln, ich meine das richtige Urteil und die Reinheit, wodurch man das Gute unterscheidet und dieses mehr als das Böse liebt und das Unrecht mißbilligt und die Gerechtigkeit liebt und hochschätzt.

Die Sonneneidechse

ES GIBT EIN TIER, welches Sonneneidechse heißt. Der Physiologus erzählte von ihr: Wenn sie alt wird, wird sie an den Augen behindert und geblendet und vermag nicht, das Sonnenlicht zu sehen. Was tut sie nun kraft ihrer schönen Eigenschaft? Sie sucht eine nach Osten zu gelegene Mauer und schlüpft in die Mauerspalte hinein. Bei Aufgang der Sonne öffnen sich ihre Augen, indem sie scharf auf dieselbe blickt, und sie wird gesund. Auf diese Weise suche auch du, o Mensch, wenn du das Gewand des alten Menschen trägst und die Augen deines Geistes stumpf sind, die aufgehende Sonne der Gerechtigkeit, Christum, unsern Gott. Mit diesem Namen wird der Aufgang beim Propheten benannt, und er selbst wird die Augen deines Herzens öffnen und jede Finsternis von dir vertreiben.

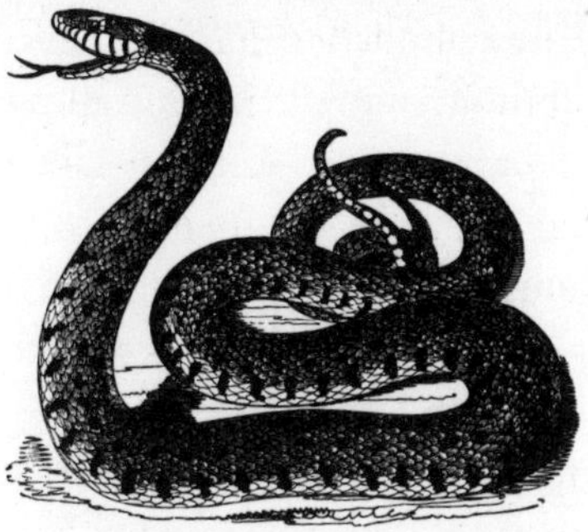

Die Schlange

MEIN HERR SAGTE IM EVANGELIUM: »Seid klug wie die Schlangen und ohne Falsch wie die Tauben.« Der Physiologus erzählte von der Schlange, daß sie vier Eigenschaften hat. Die erste ist folgende: Wenn sie alt wird, wird sie an den Augen behindert und sieht nicht. Was tut sie nun? Wenn sie jung werden will, so fastet sie 40 Tage und 40 Nächte, bis ihre Haut welk wird. Und sie sucht einen Fels und eine enge Öffnung, und hineinschlüpfend preßt sie den Körper hindurch und wirft die alte Haut ab und wird wieder jung.

Und du nun, o Mensch, wenn du das alte Gewand der Sünde abwerfen willst, kasteie durch den engen Weg, nämlich durch Fasten und die übrige strenge Zucht, deinen Körper. »Denn eng ist die Pforte und schmal der Weg, welcher zum Leben führt.« Und du wirst aus einem alten jung und wirst erlöst.

Schön nun hat der Physiologus von der Schlange gesprochen.

Die zweite Eigenschaft der Schlange: Wenn die Schlange zum Flusse geht, um Wasser zu trinken, trägt sie das Gift nicht mit sich, sondern läßt es in ihrer Höhle.

Es müssen nun auch wir, wenn wir eilen zu dem stets fließenden und nicht trügenden Wasser, welches volle ist von göttlichen und himmlischen Geheimnissen in der Kirche Gottes, nicht mit uns tragen das Gift der Bosheit, sondern versöhnt und Frieden haltend, sollen wir herzukommen; denn wer nicht so tut, der isset und trinket sich selbst das Gericht nach dem göttlichen Ausspruch.

Die dritte Eigenschaft der Schlange: Wenn sie den Menschen nackend sieht, so fürchtet sie sich und wendet sich ab; wenn aber einen Bekleideten, so springt sie auf ihn los.

Auch wir nun werden unsere Nacktheit mit Verstand betrachten, weil als unser Vater Adam nackend im Paradiese war, der böse Feind nicht vermochte, ihn in die Falle zu locken. Wenn nun auch du, o Mensch, das Kleid des alten Menschen trägst, alt geworden in bösen Tagen, so springt er auf dich; wenn du es aber ausziehst und nackend bist von der Schlechtigkeit, so wendet er sich ab und flieht.

Die vierte Eigenschaft der Schlange: Wenn ein Mensch auf sie zukommt, um sie zu töten, so gibt sie ihren ganzen Körper dem Tode preis, den Kopf allein hütet sie.

So müssen auch wir in der Zeit der Verfolgung den ganzen Körper dem Tode preisgeben; den Kopf aber, nämlich den Glauben, hüten, d. h. Christum nicht verleugnen, wie die heiligen Apostel taten und alle Märtyrer; denn jedes Mannes Haupt ist Christus.

Die Natter

SCHÖN SPRACH JOHANNES DER TÄUFER zu den Pharisäern: »Ihr Natterngezüchte, wer hat euch gewiesen, daß ihr dem zukünftigen Zorn entrinnen werdet?« Der Physiologus erzählte von der Natter, daß die männliche das Antlitz eines Mannes hat, die weibliche das Angesicht eines Weibes. Bis zum Nabel hat sie die Gestalt eines Menschen und von da an den Schwanz eines Krokodils. Eine Öffnung hat das Weib nicht in ihrem Schoße, sondern nur ein Loch wie von einer Nadel. Wenn nun das Männchen sich mit dem Weibchen verbindet, wirft es seinen Samen in den Mund des Weibchens. Und wenn das Weibchen den Samen verschluckt hat, so beißt es die Schamteile des Männchen ab, und dieses stirbt. Wenn nun die Kinder herangewachsen sind, so durchfressen sie den Leib der Mutter und kommen hervor, und jene stirbt.

Und das Gezüchte, das männliche und das weibliche, bleibt allein übrig.

Schön nun hat Johannes die Vater- und Muttermörder mit den Pharisäern verglichen. Denn ebenso wie die Natter ihren Vater und ihre Mutter tötete, so haben auch diese ihre echten Väter getötet, die Propheten und die Apostel und unsern Herrn Jesus Christus, und sie haben die Kirche verfolgt. Und der Vater und die Mutter, der Herr und die Kirche, leben in Ewigkeit, sie selbst aber sind gestorben.

Schön nun sprach der Physiologus von ihnen, und Johannes spricht: »Wer hat euch gewiesen, daß ihr dem künftigen Zorn entrinnen werdet?«

Die Schlange Aspis

DIE SCHLANGE ASPIS hat die Gestalt der gewöhnlichen Schlange. Es befindet sich aber das Männchen im Osten und das Weibchen im Westen, und sie gehen nach Süden. Und das Weibchen benagt den Kopf des Männchens und wird schwanger, aber das Männchen stirbt. Und wenn das Weibchen geboren hat, so stehen die Kinder auf und benagen den Kopf ihrer Mutter, und es stirbt auch diese. Wenn sie aber herangewachsen sind, tun auch sie auf dieselbe Weise, wie es ihre Eltern getan. Und jene Schlange Aspis verbrennt, wo sie in ihrem Neste liegt, das Gras der Erde. Und wegen der Trockenheit ihres Atems verbrennt sie in einem Umkreis von drei Schritten die Erde, und auf sieben Schritt nähert sich nichts. Und wenn dennoch sich jemand diesem Orte nähert, vom Menschen bis zum Tiere, so sterben sie. Und auf welche Weise fängt sie der Zauberer?

Er geht zu dem Ort, wo sie liegt, und nachdem er herangekommen ist, macht er sieben Büschel von trockenen Pflanzen und weicht sie sieben Tage lang ein, bis sie vermodern. Und er nimmt einen zehn Ellen langen Stab und verstopft seine Lunge, die Ohren und die Nase, damit er nicht ihren Atem rieche. Und er kommt von fern mit Zaubersprüchen und nähert sich ihr und wirft die Pflanzenbüschel auf sie. Und das erste Büschel und das zweite verbrennt sie durch ihre ausdörrende Glut, nicht minder die folgenden. Wenn nun der Zauberer sich ihr nähert, so sieht die daliegende Schlange den auf sie Zukommenden und verstopft ihre Ohren, damit sie nicht die Stimme des Beschwörers höre. Denn wenn sie seine Stimme hört, stirbt sie sogleich. Und wenn er sich ihr genähert hat, streckt er den zehn Ellen längen Stab aus und entfernt ihren Schwanz von ihren Ohren, und sogleich stirbt sie. Und der Beschwörer wird ihr Herr und nimmt von ihr, was er gebraucht.

So wurden auch die Juden in Verwirrung gesetzt zu ihrer Zeit. Durch das eigene Begehren und durch die Verhärtung ihres Herzens verschwendeten sie den Kopf des Männchens und des Weibchens, d. h. den des Täufers Johannes und die beiden Testamente. Und deswegen sprach der Prophet David: »Gleichwie die taube Schlange Aspis ihre Ohren verstopft, um nicht die Stimme des Beschwörers zu hören, so werden sie, die Giftigen, vergiftet von dem Weisen. Denn Aspisschlange werden die Juden genannt, welche ihre Ohren verstopften, damit sie nicht hörten die Stimme des Beschwörers, d. h. des Bräutigams, noch das Getöse der göttlichen Schriften. Aspisschlange wird auch der Teufel genannt, Trockenheiten die feindlichen Mächte, die Tenne die Hölle und der Höllenstrom. Wer ist der Beschwörer? Christus. Was sind die Büschel? Die Äonen. Wer der zehn Ellen lange Stab? Die Söhne Davids. Welches die Bezauberung? Die Stimme des Heilandes, welche den Teufel überwand.«

Schön sprach der Physiologus von der Schlange Aspis.

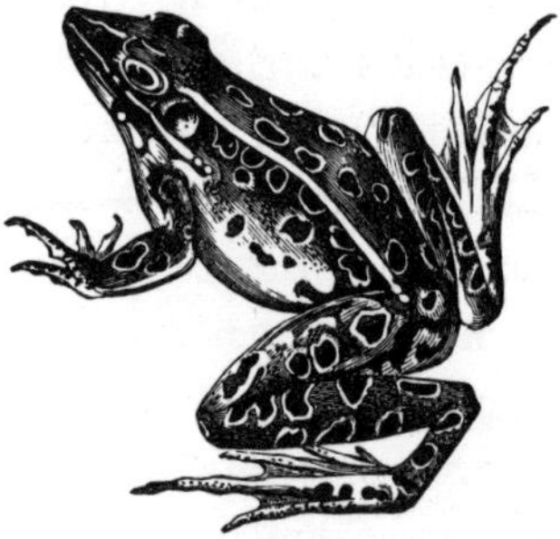

Der Frosch

I. ES GIBT EINEN FROSCH, genannt der Landfrosch. Der Physiologus erzählte von ihm, daß er die Hitze und die Glut der Sonne erträgt; wenn ihn aber Regen trifft, so stirbt er. Aber die Wasserfrösche, wenn sie aus dem Wasser steigen, und wenn die Sonne sie berührt, tauchen sogleich im Wasser unter.

Es gleichen nun die edlen Menschen dem Landfrosche; denn sie ertragen die Versuchungen, und wenn sie ein strenger Winter trifft, nämlich die Verfolgung, so sterben sie für ihre Tugend. Die Kinder der Welt aber sind die Wasserfrösche. Wenn sie die Sonne trifft, nämlich die Hitze der Versuchung, so tauchen sie sogleich wieder in dieselbe schludrige Begierde.

Schön sprach der Physiologus von dem Frosche.

II. Der Landfrosch erträgt die Wärme der Sonne; auch Kälte, Regen, Winde und Winterstürme hält er aus. Der Wasserfrosch aber kann nichts davon ertragen, sondern beim Ausbruch des Winters versenkt er sich in die Tiefe. Wenn aber die Sonne warm scheint, so taucht er hervor und setzt sich der Wärme aus. Wenn dann die Wärme der Sonne wächst, kann er sie nicht ertragen und stürzt sich wiederum in die Tiefe.

So können auch die Mönche, welche müßig ihr Leben zubringen, keineswegs Hunger, Durst, Nacktheit, Enthaltsamkeit und das Liegen auf dem Erdboden ertragen. Diejenigen aber, welche sich dem Müßiggang nicht hingeben, fasten gern und ertragen alles.

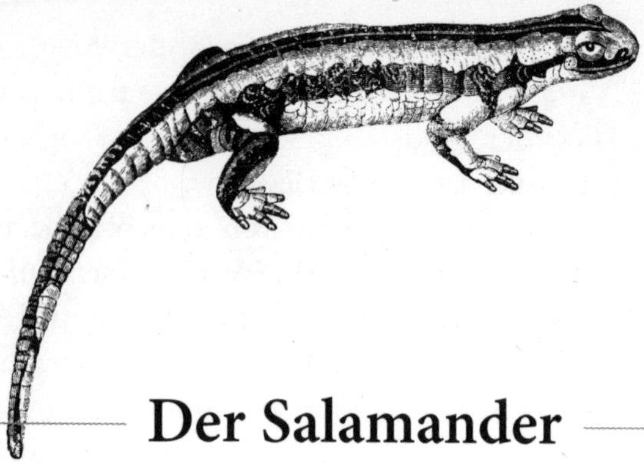

Der Salamander

ES STEHT GESCHRIEBEN: »Wenn ihr auch durch Feuer gehet, so wird euch die Flamme nicht verbrennen.« Der Physiologus erzählte vom Salamander, daß wenn er in den Feuerofen hineingeht, er ihn auslöscht, und wenn er in den Badeofen hineingeht, er das ganze Bad auslöscht.

Wenn nun der Salamander durch seine Eigenschaft das Feuer auslöscht, um wie vielmehr ist es natürlich, daß die Gerechten, die in Gerechtigkeit Wandelnden, sowohl das Feuer ausgelöscht, als auch die Rachen der Löwen verstopft haben! Wie sagen nun einige, daß die drei in den feurigen Ofen geworfenen Männer nicht Unrecht getan, sondern im Gegenteil den feurigen Ofen ausgelöscht haben?

Schön sprach der Physiologus vom Salamander.

Der Mistkäfer

AUSSERDEM LEHRT DER PHYSIOLOGUS DIESES. In den Tagen des Nisan, des Blumenmonats, werden aus dem Miste oder der Ausleerung die Mistkäfer gebildet, kommen daraus hervor und leben in jenem Miste und Gestank. Und sie selbst formen den Mist zur Gestalt runder Eier oder des Mistes der Kamele und der Rosse und wälzen diese rückwärts hin auf die Erde und erwärmen sie, bis sie in deren Mitte ihre Nachkommenschaft bilden und erzeugen, welche dann hervorbricht und aus jenen Kugeln hervorkriecht. Und sie bringt zugleich mit ihnen in demselben Gestank das Leben zu.

Hieraus sehen und erkennen wir deutlich, daß die Mistkäfer die Ketzer sind, befleckt mit dem Gestank der Ketzerei. Die Mistkugeln aber, welche aus dem Miste gebildet sind und welche jene hin und zurück auf der Erde wälzen, sind die schlechten Gedanken und Ketzereien, die aus Schlechtigkeit und Ruchlosigkeit entstanden sind.

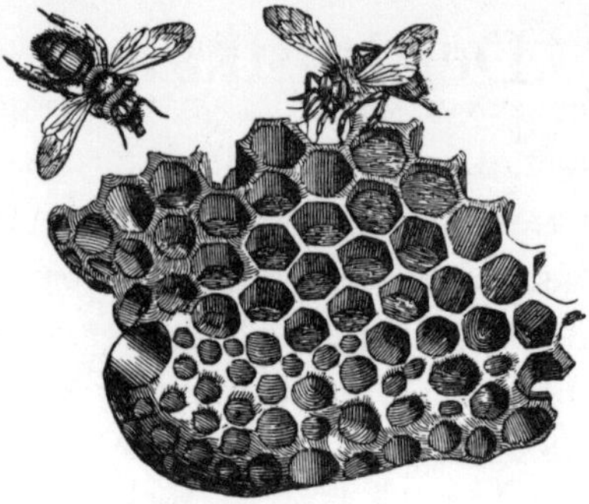

Die Biene

Der weise Salomo sagte von der Biene: »Sie ist weise und fleißig bei der Arbeit sowie auch bei ihrer Nahrung, weil sie sammelt, um ihr Leben zu unterhalten.« Der Physiologus lehrte von dieser und sagte: Die Bienen wohnen schwarmweise beisammen, sie haben einen gemeinschaftlichen Ausgang, eine gemeinschaftliche Arbeit und sorgen fleißig, indem sie gemeinschaftlich fliegen und zu ein und demselben Werk hineilen. Und was noch größer ist, als das, was wir sagten: sie stehen unter einem Könige oder Fürsten, welcher Teil hat an ihrer Natur, und sie machen nicht den Anfang mit der gemeinschaftlichen Arbeit oder eilen zu den Wiesen und Wurzeln und Blüten, bis der König, der unter ihnen ist, den Anfang gemacht hat. Wir behaupten aber, daß der König oder Fürst nicht freiwillig von ihnen zu dieser Würde erwählt worden ist, sondern nach der Ordnung und natürlichen Sitte derselben von dem Schöpfer eingesetzt ist, um sie zu regieren. Jener Fürst hat aber ebenfalls einen Stachel mit dem er jedoch nicht zu verwunden pflegt. Wenn aber eine von seinem Beispiele abweicht, so wird sie sogleich für ihre Kühnheit bestraft; denn sobald sie einen Menschen mit dem Stachel verwundet, bleibt dieser in der Wunde zurück, und sie selbst wird durch den Schmerz getötet. Sie sammeln aber Honig aus den Stämmen, indem sie sich des Mundes, das Wachs aus den Blüten, indem sie sich der Füße bedienen. Und so trägt die Biene im Bauche das von ihr Gesammelte fort und baut mit wunderbarer Kunst die Zellen aus Wachs und teilt sie auf das verständigste gleichsam in Gruben, in welche sie den Honig gießt. Dieser, im Anfang sehr dünn und flüssig, wird später eingemacht und in den Gruben während einiger Zeit aufbewahrt, gekocht und wird dann viel besser und dicker. Wenn aber heutige Winde wehen und sie selbst außerhalb des Stockes verweilt, läßt sie sich herab und setzt sich auf einen Stein oder Felsen, bis die Heftigkeit des Windes nachgelassen hat; und so kehrt sie dann nach Hause zurück.

Laßt uns jetzt dieses alles auf geistige Weise betrachten! Was wird hierdurch unserer menschlichen Vernunft geschildert? Die schwachen Bienen, welche schwarmweise zusammen wohnen und zugleich ausziehen und eine gemeinsame Arbeit sorgfältig besorgen, sind die heiligen Seelen der Söhne der katholischen und apostolischen Kirche. Diese wohnen scharenweise in derselben Kirche und ziehen aus und besorgen dieselbe gemeinsame Arbeit, ich meine nämlich die göttliche Vorzüglichkeit und das heilige Mysterium, indem auch ein Fürst und Vorsteher ihnen gesetzt ist, der ihrer Natur teilhaftig ist von ihrem Schöpfer; wie auch Gott die Erzpresbyter und die weisen Vorsteher nach der menschlichen Natur selbst in seiner Kirche eingesetzt hat, damit keine Verwirrung ihrer Ordnung geschehe. Es besitzt fürwahr der Vorsteher jener ebenfalls einen Stachel mit dem er nicht verletzt, d. h. die Freiheit, welche auch dem Erzpresbyter von Gottgegeben ist und allen seinen Untergebenen. Dennoch verletzt der angesehene Erzpresbyter nicht mit dem Stachel, d. h. er bewacht mit seiner Freiheit die Heiligkeit und wendet sich nicht ab zur Ruchlosigkeit.

Sie sammeln Honig aus den Stämmen, indem sie sich des Mundes bedienen, und Wachs aus den Blumen mit den Füßen, und die Biene trägt es fort und fügt es zusammen und verteilt es und gießt es weise aus, indem der Honig anfänglich dünn ist, wie auch die Heiligen der Kirche von den Stämmen Gottes und von den heiligen Blüten der göttlichen Bücher weiden und sich die eine Speise der geistigen Süßigkeit sammeln.

Die Wespen

DER SELIGE DAVID, während er den Psalter schlägt und weissagt, spricht: »Sie haben mich wie Wespen umgeben, und sie sind vernichtet worden wie Strohfeuer.« Der Physiologus aber lehrte von den Wespen und sagte: Sie sind geteilt und verengt in der Mitte ihrer Leiber, und sie haben nicht die Fähigkeit zu atmen und den Atem in sich zu ziehen auf dieselbe Weise, welche durch die Lunge in uns und den Tieren eingerichtet ist, sondern ihre ganze Nahrung und Ernährung geschieht aus der Luft. Und wenn du eine mit Öl berührst, so stirbt sie leicht, weil die Fettigkeit des Öles ihre natürlichen Luftgänge verhärtet. Wenn du ihr aber Essig nach dem Öle einspritzest, so wird ihr Leben allmählich wieder angefacht, weil sich ihre Luftgänge durch die Schärfe des Essigs öffnen.

Was also lernen wir hieraus, und welche geistige Erkenntnis können wir hieraus entnehmen? Denn nicht unweise ist dieses von dem Schöpfer aller Dinge eingerichtet worden, sondern es ist zu unserer Unterweisung gegeben worden, dieses alles, das Größere und das Kleinere, damit, wenn wir dieses sichtbar bei uns erwägen, wir die Erkenntnis und Betrachtung des Unsichtbaren vornehmen. Denn wir Körperliche können nicht Unsichtbares erreichen, wie wir jetzt sind, außer durch das Sichtbare. Denn das, was nicht erblickt wird durch die Trägheit unseres Körpers, schildert uns gleichsam durch einen Typus und durch ein Abbild jener, der für alte

Dinge Sorge trägt, welche von ihm zur Existenz gebracht worden sind. Jene Wespen aber, die mitten im Körper geteilt sind und vernichtet werden wie Strohfeuer und deren Leben vernichtet wird, sobald auf sie die Fettigkeit des Öles träufelt, verstehen wir als die rebellischen Teufel und Unholde, die mitten im Körper geteilt sind, d. h. im gemeinschaftlichen und gesetzmäßigen Kampfe; und nicht, wie man zu glauben pflegt, sind sie zum Streit gerüstet, wenn du nur Öl mit dir nimmst, d. h. die guten Werke voll Rüstigkeit und Tapferkeit; und so mögest du mit ihnen den rechten Streit beginnen. Denn sobald sie näher an das göttliche Öl herantreten, werden ihre Zähne abgestumpft durch deinen Eifer und ihre Luftgänge verstopft durch seine Fettigkeit, und sie sind wie Tote, solange sie nicht durch deine Hilfe Atem haben. Denn wenn du in Salbung nicht verharrest und das Öl dir nicht bewachest, sondern Essig ausgießest, indem du von der Munterkeit des Öles, d. h. in der Gerechtigkeit nachlassest, dann bist du gestorben, und jenen wird das Leben wiedergegeben gegen dich, und es öffnen sich ihre Luftgänge, und sie verwunden dich mit ihren Stacheln und verhöhnen und töten dich.

Die Ameise

Salomo sagte in den Sprüchen: »Gehe hin zur Ameise, du Fauler!« Der Physiologus sagte von ihr, daß sie drei Eigenschaften hat. Ihre erste Eigenschaft: Wenn sie hintereinander umhergehen, so trägt jede ihr Korn im Maule, und die, welche nichts haben und ohne Korn sind, sprechen nicht zu denen, welche beladen sind: »Gebt uns von euern Körnern«, noch rauben sie es ihnen mit Gewalt, sondern sie gehen weiter und sammeln für sich.

Dieses ist von den klugen Jungfrauen und den törichten zu erkennen.

Die zweite Eigenschaft: Wenn sie die Nahrung in der Erde aufspeichert, so beißt sie die Körner in zwei Stücke, damit nicht die Körner während des Winters keimen und sie Hunger leidet. Und wiederum merkt die Ameise durch ihre Klugheit, ob Hitze ist, oder wann die Luft im Begriff ist, sie zu benetzen. Wenn du nun die Ameise anschaust, daß sie das Weizenkorn, welches sich außerhalb ihres Loches befindet, nach innen trägt, so erkenne, daß Regenwetter und Winter kommt. Wenn sie aber ihre Nahrung von innen herausträgt und ausbreitet, so erkenne, daß heiteres Wetter ist.

Und du entferne die Worte des alten Testamentes von deinem Geiste, damit dich der Buchstabe nicht tötet. Denn Paulus sagt, daß das Gesetz geistlich ist. Denn auf den bloßen Buchstaben achtend, wurden die Juden hungrig und gegenseitige Mörder.

Die dritte Eigenschaft: Oft wendet sie sich zum Acker und steigt auf die Ähre und trägt das Korn herab; bevor sie nun heraufsteigt, beriecht sie die unteren Teile der Halme, und durch den Geruch erkennt sie den Weizen und die Gerste. Wenn es Gerste ist, entfernt sie sich zu dem Weizen und trägt die Ähre herab.

Die Gerste nun ist die Nahrung des Viehes. Denn Hiob sagt: »Statt des Weizens wachse mir Gerste.« Fliehe nun auch du die Nahrung des Viehes und nimm den in die Scheuern gesammelten Weizen. Denn die Gerste wird der Lehre der Andersgläubigen verglichen, der Weizen aber dem rechten Glauben an Christus.

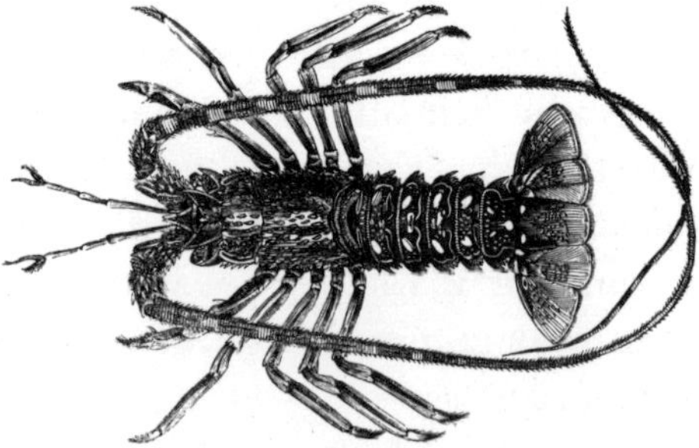

Der Seekrebs

ICH ERMAHNE DICH AUCH, daß du dich hütest, einem verächtlichen Tiere, welches im Meere sich findet, nachzuahmen. Denn wie groß ist die Schlauheit und der Betrug des Krebses, welcher Cancer heißt? Dieser begehrt das Fleisch des Fisches (sic), welcher Auster heißt. Denn die Auster ist schwer zu fangen, da sie mit einer kalkigen Haut geschützt ist, wie von einer Mauer umgeben, damit unverletzt bleibe das zarte Fleisch, welches von Natur innerhalb jener sich findet. Denn ihre Bedeckung ist ähnlich einer polierten Scherbe, weshalb sie auch die Scherbenartige genannt wird, weil sie gleichsam ausgehöhlte Schalen auf dem Rücken hat, die unter sich verbunden sind. So nämlich ist das Geschöpf durch den Schöpfer von Natur ausgerüstet. Die Füße aber des Krebses vermögen auf ihrem schlüpfrigen Rücken nichts, und er kann sie nicht in jenen einschlagen. Sobald er also eine Auster hervorkommen sieht, die sich wärmt an einem vor Winden geschützten Orte, und die Sonne sie bescheint, und sie, um sich zu wärmen, den Rücken zu öffnen beginnt, kommt der Krebs heimlich heran und wirft ein Steinchen zwischen die Schalen, daß sie sich nicht vereinigen können, und ein Zwischenraum bleibt, die Auster zu ergreifen und gleichsam herauszureißen. Und indem er dieses tut, vermag die geringe Kraft des Krebses mit Hilfe größerer Schlauheit es auszuführen. Ich bewundere also die Bosheit jener Tiere, welche der Rede und Stimme entbehren.

Ich aber will, daß du des Krebses Geschicklichkeit lernst zu schönen Taten, und um sie zur Vermehrung der Gerechtigkeit anzuwenden, keineswegs aber, um die Mitmenschen mit derselben zu quälen. Der Krebs ist ähnlich demjenigen, welcher mit böser List sich an den Nächsten heranmacht und gegen seinen Bruder im Hinterhalte liegt und mit Gleichmut an dem Unglück anderer sich ergötzt. Laßt uns also die Nachahmung böser Menschen fliehen, und möge jedem einzelnen von uns genügen, was wir von Rechts wegen besitzen. Denn die mit Recht und Wahrheit in ihren Verhältnissen bestehende Armut ist besser als alle Vergnügungen nach dem Urteile derjenigen, welche sie mit Rechtschaffenheit kennen gelernt haben, und als alle Vorteile derjenigen, welche im Unrecht verweilen. Möge also der Kluge des Beweises halber dieses anschauen und sich ein Beispiel daraus entnehmen, wie der Physiologus geschrieben hat.

Der Baum Peridexion

Es gibt einen Baum in Indien, Peridexion genannt. Seine Frucht ist die süßeste von allen, lieblich und sehr nützlich. Die Tauben ergötzen sich auf diesem und ernähren sich dort und nisten auf ihm. Es befindet sich jedoch dort eine Schlange, den Tauben feindlich gesinnt. Die Schlange fürchtet jenen Baum und seinen Schatten, und sie kann sich den Tauben nicht nähern und nicht einmal dem Schatten des Baumes. Wenn der Schatten nach dem westlichen Teil des Baumes geht, flieht die Schlange gen Osten und umgekehrt. Wenn aber eine Taube in der Finsternis vom Baume sich entfernt, so findet und tötet die Schlange sie.

Der Baum nun wird auf den Vater aller, das Holz auf Christus gedeutet; denn das Holz ist der Baum des Lebens allen, die sich an ihm halten, welcher seine Frucht geben wird zu seiner Zeit. Der Schatten des Baumes ist der heilige Geist: »Denn die Kraft des Höchsten wird dich überschatten.« Und: »im Schutze deiner Flügel werde ich frohlocken.« Wenn nun auch wir uns halten an die Weisheit, essen wir die Früchte des Geistes, und was es auch ist, Freude, Friede, Enthaltsamkeit, wir werden von dem Holze des Lebens behütet. Wenn wir aber abirren, und in der Finsternis befunden werden, nämlich in Unzucht, Ehebruch, Habsucht, schlechter Begierde, so findet uns der Teufel da wir nicht blieben bei dem Holze des Lebens, und fängt uns leicht. Daher sagte auch der heilige Paulus, indem er dieses erkannte: »Mir aber sei ferne, mich zu rühmen, außer an dem Kreuze des Herrn, durch welchen mir die Welt gekreuzigt ist und ich der Welt.«

Schön nun sprach der Physiologus von dem Baume Peridexion.

Der Maulbeerfeigenbaum

DER HEILIGE AMOS SAGT: »Ich bin nicht ein Prophet, noch der Sohn eines Propheten, sondern ich bin ein Ziegenhirt, der die Maulbeerfeige ritzt.« Schön nun bedeutet Amos das Abbild Christi, indem er sagt, daß er Maulbeerfeigen ritzend, wie Zachäus auf die Sykomore stieg. Bevor die Maulbeerfeige geritzt wird, gibt es in derselben Insekten, genannt Ameisen. Und in der Finsternis hausend, sehen sie das Licht nicht. Bei sich selbst aber sagen sie gleichsam: Wir bewohnen ein großes Land, sitzen aber in der Finsternis. Wenn aber die Maulbeerfeige geritzt worden ist, sehen sie den Strahl der Sonne und des Mondes und der Sterne, und sie sprechen zu sich selber: Wir saßen wahrlich in der Finsternis und im Schatten des Todes, bevor die Maulbeerfeige geritzt wurde. Sie wird nun am ersten Tage geritzt, am dritten aber wird sie die Nahrung aller.

So wurde auch unser Herr Jesus Christus geritzt an der Seite, und Blut und Wasser kamen heraus. Am dritten Tage aber stand er von den Toten auf, wir sahen nun die Sterne leuchten wie die Insekten. Die Ziegen aber, welche Amos weidete, bedeuten die Buße, weil man aus ihren Haaren ein Bußgewand webt: »In Sack und Asche«, sagt er, »taten sie Buße.« »Das Volk, welches in der Finsternis saß, hat ein großes Licht gesehen. Und denen, welche saßen im Lande und im Schatten des Todes, ist ein Licht aufgegangen.« Und wie, wenn die Maulbeerfeige geritzt wird, sie am dritten Tage allen zur Nahrung dient, so ist auch unser Herr Jesus Christus, nachdem er an der Seite geritzt worden ist, am dritten Tage aufgestanden und das Leben aller geworden.

Der Diamant

I. Der Physiologus erzählte vom Diamant, daß er im Morgenlande gefunden wird; er wird aber nicht am Tage gefunden, sondern in der Nacht. Adamas aber wird er genannt, weil er alles bezwingt (δαμαζει), selbst aber von nichts bezwungen wird.

Und mein Herr Jesus Christus richtete selbst alle, selbst aber wird er von keinem gerichtet. Denn er selbst sprach: »Wer unter euch wird mich einer Sünde zeihen?« Und Anfang ist sein Name. Und wiederum: »Es geht ein Stern von Jakob auf« und »den in der Finsternis Sitzenden ist ein Licht aufgegangen.« Alle heiligen Propheten nun und Apostel welche den Anfang haben wie der Diamant, haben in den Prüfungen nicht nachgegeben, sondern sind edel geblieben und nicht unterlegen.

II. Es gibt noch eine andere Eigenschaft des Diamanten. Dieser fürchtet weder Eisen, noch nimmt er den Geruch des Rauches an. Wenn er aber in einem Hause gefunden wird, kann weder der Teufel dort eindringen, noch wird etwas Böses gefunden; der aber, welcher ihn besitzt, besiegt jede teuflische Einwirkung.

Der Diamant ist nun unser Herr Jesus Christus. Wenn du ihn in deinem Herzen hast, wird dich nichts Böses berühren.

Der Achat und die Perle

Wenn die Künstler die Perle suchen, finden sie dieselbe durch den Achat. Sie binden ihn nämlich an einen starken Strick und lassen ihn in das Meer hinab. Es geht nun der Achat zur Perle und bleibt dort stehen und bewegt sich nicht, und sogleich merken sich die Schiffer die Stelle des Achats, und dem Stricke folgend finden sie die Perle. Höre nun, wie die Perle entsteht: Es gibt ein Schaltier im Meere, genannt Perlmuschel. Sie steigt aus dem Meere empor in der Morgenfrühe und öffnet ihren Mund und saugt den himmlischen Tau ein und schließt den Strahl der Sonne und des Mondes und der Sterne in ihre Schalen ein; aus dem himmlischen Licht nun gebiert sie die Perle. Das Schaltier hat zwei Schalen, in welchen die Perle gefunden wird.

Der Achat nun gleicht dem Vorläufer Johannes, denn er selbst hat uns die geistige Perle gezeigt, indem er sagte: »Siehe das Lamm Gottes, welches der Welt Sünde trägt.« Es wird nun das Meer für die Welt genommen und die Taucher für den Chor der Propheten; die beiden Muschelschalen aber für das alte und neue Testament, in gleicher Weise auch die Sonne, der Mond und die Sterne und der Tau für den heiligen Geist, welcher durch das alte und neue Testament hindurchgegangen ist, die Perle für unseren Heiland Jesus Christus. Denn er selbst ist die köstliche Perle.

Und du, o Mensch, verkaufe alles, was du besitzest, und erwirb die köstliche Perle, welche ist Christus der

Gott, damit du einen Schatz in deinem Herzen hast und erlöset wirst.

Der Magnetstein

Der Physiologus erzählte vom Magnetstein, daß er das Eisen aufhebt, indem er sich mit ihm fest verbindet und es an sich zieht.

Wenn nun die Geschöpfe einander anziehen, um wieviel der Schöpfer, welcher den Himmel über der Erde aufgehängt hat, der Gott aller Dinge, der ihn ausgespannt hat wie eine Ochsenhaut (Teppich).

Der indische Stein

Es gibt einen Stein, genannt der indische, welcher folgende Eigenschaft hat: Wenn ein Mensch wassersüchtig ist, so suchen die kunstverständigen Ärzte diesen Stein, und sie binden ihn an den Wassersüchtigen drei Stunden lang, und der Stein saugt die Flüssigkeit des Wassersüchtigen in sich ein. Darauf lösen sie den Stein, wiegen ihn mit dem Menschen auf der Waage, und der kleine Stein zieht den Körper des Menschen empor. Wenn aber der Stein drei Stunden in die Sonne gelegt wird, so ergießt er das ganze faulige Wasser, welches er aus dem Körper des Menschen in sich aufgenommen hat, aus sich heraus und wird wieder ganz rein, wie er war.

Der Stein ist der Herr Jesus Christus, die vollkommene Liebe, welche die Furcht vertrieben hat. Die Wassersüchtigen sind wir, die wir das faulige Wasser der Sünde in unserem Herzen haben. Er selbst aber, herabkommend vom Himmel und leidend, wohnte in unserem Herzen und heilte uns. Denn er selbst trug unsere Schwachheit und heilte unsere Krankheiten.

Die entzündbaren Steine

Es gibt sogenannte entzündbare Steine. Diese Steine, wenn sie sich einander nähern, entzünden sie sich selbst und setzen alles in Brand, was in ihre Nähe kommt. Denn sie haben eine solche Eigenschaft: Der männliche und der weibliche sind weit voneinander entfernt. Wenn sie einander sich nähern, so setzen sie einander und alles, was in ihrer Nähe ist, in Brand.

Und du, o edler Mensch, fliehe das Weibliche, damit du dich ihm nicht näherst und deine ganze Tugend in Wollust entzündest. Denn Simson, als er sich einem Weibe hingab, verlor seine Kraft durch das Abscheren. Und Viele, nach der Schrift, irrten ab durch die Schönheit von Weibern.

Register

Achat, Der	90
Adler, Der	35
Affe, Der	5/18
Ameise, Die	83
Ameisenlöwe, Der	9
Antholops, Der	24
Asida, Die	51
Aspis, Die Schlange	72
Bär, Der	14
Biber, Der	17
Biene, Die	78
Charadrius	57
Diamant, Der	89
Einhorn, Das	23
Elefant, Der	26
Fischotter, Die	14
Fledermaus, Die	67
Frosch, Der	74
Fuchs, Der	11
Geier, Der	37
Gerahav, Der	66
Gorgo, Die	33
Greif, Der	40
Hirsch, Der	19
Hyäne, Die	12
Hydrippus, Der	30
Ibis, Der	59

Ichneumon, Der	13
Igel, Der	16
Krähe, Die	46
Löwe, Der	7
Magnetstein, Der	91
Maulbeerfeigenbaum, Der	87
Mistkäfer, Der	77
Nachtrabe, Der	39
Natter, Die	71
Onocentauren, Die	32
Panther, Der	10
Pelikan, Der	64
Peridexion, Der Baum	86
Perle, Die	90
Pfau, Der	50
Phönix, Der	53
Prion, Der	28
Rebhuhn, Das	50
Regenpfeifer, Der	57
Reiher, Der	62
Salamander, Der	76
Schlange, Die	69
Schwalbe, Die	45
Seekrebs, Der	84
Seepferd, Das	30
Sirenen, Die	32
Sonneneidechse, Die	68
Specht, Der	34
Stein, Der indische	91
Steine, Die entzündbaren	92

Steinbock, Der	22
Storch, Der	60
Strauss, Der	51
Taube, Die	42
Turteltaube, Die	41
Walfisch, Der	29
Wespen, Die	81
Wiedehopf, Der	48
Wiesel, Das	13
Wildesel, Der	18/18